Cuento

8.

Dans la même collection :

Isabel Allende
Cuentos de Eva Luna.

Julio Cortázar
La Noche boca arriba y otros relatos.

Cuentos selectos.
Los Chicos y otros relatos (premières lectures).
Los Cuentos vagabundos y otros de España
   (premières lectures).

Collection « Lire en espagnol »
dirigée par Henri Yvinec

Cuentos fantásticos
de América

Horacio Quiroga • Adolfo Bioy Casares • Joaquín
Pasos • Augusto Monterroso • Ricardo Güiraldes •
Jorge Luis Borges • José Donoso • Julio Cortázar •
Gabriel García Márquez • Daniel Riquelme

Choix et annotations
par Manuel Casas
et Christine Michel
Agrégés d'espagnol

La collection "Les Langues Modernes" n'a pas de lien avec l'A.P.L.V. et
les ouvrages qu'elle publie le sont sous sa seule responsabilité.

Un viaje inesperado, de "Historias desaforadas". © A. Bioy Casares.
Mr. Taylor et *El ángel pobre*, de "Antología del cuento centroamericano",
avec l'autorisation de Educa, Costa Rica.
El muerte de "El aleph", © Emecé Editores S.A. Buenos Aires, 1957.
Una señora, de "Cuentos", © José Donoso, 1971.
Casa tomada, de "Bestiario", © Héritier de J. Cortázar.
El ahogado más hermoso del mundo, de "La increíble y triste historia de la
cándida Erendira y de su abuela desalmada © G. García Márquez, 1972.

© Librairie Générale Française, 1990, pour les présentations et les
notes.

ISBN : 978-2-253-05195-4 - 1ʳᵉ publication - LGF

Sommaire

Signos y abreviaduras

☑ ¡ojo!
≠ contrario o diferente de...
< viene de
> da
A.L. América Latina
Arg. argentinismo
Gal. galicismo
adj. adjetivo
n.c. nombre común
C.O.D. complemento de objeto directo
C.O.I. complemento de objeto indirecto
s.e. *sous-entendu*
lit. literario
imp. imperfecto
imp. del subj. o S.I. imperfecto del subjuntivo
pres. del subj. o S.P. presente del subjuntivo
p. c. p. pluscuamperfecto
c. de t. concordancia de tiempos
desp. despectivo, pejorativo

Tout naturellement, après quelques années d'étude d'une langue étrangère, naît l'envie de découvrir sa littérature. Mais, par ailleurs, le vocabulaire dont on dispose est souvent insuffisant. La perspective de recherches lexicales multipliées chez le lecteur isolé, la présentation fastidieuse du vocabulaire, pour le professeur, sont autant d'obstacles redoutables. C'est pour tenter de les aplanir que nous proposons cette nouvelle collection.

Celle-ci constitue une étape vers la lecture autonome, sans dictionnaire ni traduction, grâce à des notes facilement repérables. S'agissant des élèves de lycée, les ouvrages de cette collection seront un précieux instrument pédagogique pour les enseignants en langues étrangères puisque les recommandations pédagogiques officielles (Bulletin officiel de l'Éducation nationale du 9 juillet 1987) les invitent à "faire de l'entraînement à la lecture individuelle une activité régulière" qui pourra aller jusqu'à une heure hebdomadaire. Ces recueils de textes devraient ainsi servir de complément à l'étude de la civilisation.

Le lecteur trouvera donc :

En page de gauche

Des textes contemporains choisis pour leur intérêt littéraire et la qualité de leur langue.

En page de droite

Des notes juxtalinéaires rédigées dans la langue du texte, qui aident le lecteur à

Comprendre

Tous les mots et expressions difficiles contenus dans la ligne de gauche sont reproduits en caractères gras et expliqués dans le contexte.

Observer

Des notes d'observation de la langue soulignent le caractère idiomatique de certaines tournures ou constructions.

Apprendre

Dans un but d'enrichissement lexical, certaines notes proposent enfin des synonymes, des antonymes, des expressions faisant appel aux mots qui figurent dans le texte.

Grammaire au fil des nouvelles

Chaque nouvelle est suivie de phrases de thème inspirées du texte avec références à celui-ci pour le corrigé. En les traduisant, le lecteur, mis sur la voie par des italiques et/ou des amorces d'explication, révise les structures rebelles les plus courantes ; cette petite "grammaire en contexte" est fondée sur la fréquence des erreurs.

Vocabulaire

En fin de volume une liste de 2 000 mots environ contenus dans les nouvelles, suivis de leur traduction, comporte, entre autres, les verbes irréguliers et les mots qui n'ont pas été annotés faute de place ou parce que leur sens était évident dans le contexte. Grâce à ce lexique on pourra, en dernier recours, procéder à quelques vérifications ou faire un bilan des mots retenus au cours des lectures.

Horacio Quiroga
(Uruguay)

DIETA DE AMOR

Nace en Salto (Uruguay) en 1878 y muere en Buenos Aires (Argentina) en 1937.

Su vida es marcada por la tragedia : muere su padre cuando él es muy niño y luego, a los veinte años, mata accidentalmente a un compañero.

Viaja a París y a la Argentina donde intenta realizar varios proyectos como plantar algodón en el Chaco o hacerse colono en Misiones (incluso llega a ser cónsul) pero muchas de sus empresas resultan ser fracasos.

La diversidad de sus experiencias forma la base de su obra literaria y se puede encontrar en ella un reflejo de su existencia tan variada como trágica.

Al nivel literario aparece como uno de los precursores de la literatura hispanoamericana actual y más particularmente en lo que se refiere a sus cuentos en los que se encuentran influencias como las de Poe, Jack London o Kipling. En ellos se manifiesta una fascinación por el mundo de la locura, y el horror suele nacer de los acontecimientos más comunes.

" Dieta de amor " es uno de los cuentos contenidos en " Anaconda ". Publicado en 1921, es una ilustración más de esta atracción por un mundo en que lo normal se convierte progresivamente en algo aberrante y mortífero.

Ayer de mañana tropecé en la calle con una muchacha delgada, de vestido un poco más largo que lo regular, y bastante mona, a lo que me pareció. Me volví a mirarla y la seguí con los ojos hasta que dobló la esquina, tan poco preocupada ella por mi plantón como pudiera haberlo estado mi propia madre. Esto es frecuente.

Tenía, sin embargo, aquella figurita delgada un tal aire de modesta prisa en pasar inadvertida, un tan franco desinterés respecto de un badulaque cualquiera que con la cara dada vuelta está esperando que ella se vuelva a su vez, tan cabal indiferencia, en suma, que me encantó, bien que yo fuera el badulaque que la seguía en aquel momento.

Aunque yo tenía que hacer, la seguí y me detuve en la misma esquina. A la mitad de la cuadra ella cruzó y entró en un zaguán de casa de altos.

La muchacha tenía un traje oscuro y muy tensas las medias. Ahora bien, deseo que me digan si hay una cosa en que se pierda mejor el tiempo que en seguir con la imaginación el cuerpo de una chica muy bien calzada que va trepando una escalera. No sé si ella contaba los escalones; pero juraría que no me equivoqué en un solo número y que llegamos juntos a un tiempo al vestíbulo.

Dejé de verla, pues. Pero yo quería deducir la condición de la chica del aspecto de la casa, y seguí adelante, por la vereda opuesta.

Pues bien, en la pared de la misma casa, y en una gran chapa de bronce, leí:

DOCTOR SWINDENBORG

FÍSICO DIETÉTICO

¡Físico dietético! Está bien. Era lo menos que me podía

tropecé < tropezar : toparse con ; encontrarse con

delgada : fina ☐ **de vestido** : con vestido ⊘ **largo** ≠ corto

mona : (pop.) guapa, bonita ☐ **me volví a...** : me di la vuelta para

dobló la esquina : cambió de dirección, giró

plantón : se quedó parado ☐ **pudiera haberlo estado** : hubiera (habría) podido estarlo

figurita : aquí, tenue silueta ⊘ **un tal** : poco frecuente = tal

prisa : rapidez ☐ **en pasar inadvertida** : quiere discreción ☐ **un tan** (ídem l. 7) ☐ **badulaque cualquiera** : (pop.) un individuo sin ningún interés ☐ **la cara dada vuelta** : mirando hacia atrás

cabal : total

me det<u>u</u>ve < detenerse ; me paré

cuadra o " manzana " (en España) : conjunto de casas ☐ **cruzó** : pasó a la otra acera ☐ **zaguán** : entrada ☐ **casa de altos** : con varios pisos

las medias : *les bas* ☐ **ahora bien** : idea consecutiva, pues

en seguir : <u>siguiendo</u>

muy bien calzada : se refiere a las medias " muy tensas " de la chica

va trepando : va subiendo (ir + ger.) ☐ **no s<u>é</u>** < saber : yo ignoro

no me equivoqué < equivocarse : no me confundí

juntos a un tiempo : los dos a la vez ; al mismo tiempo

dejé de verla : ya no la vi

seguí adelante : no me quedé parado

la vereda : la acera, parte de la calle

chapa de bronce : placa de metal con una inscripción ☐ **leí** < leer

físico dietético : médico especializado en dietética

era < ser (imp.)

pasar esa mañana. Seguir a una mona chica de traje azul marino, efectuar a su lado una ideal ascensión de escalera, para concluir...

¡Físico dietético!... ¡Ah, no! ¡No era ése mi lugar, por cierto! ¡Dietético! ¿Qué diablos tenía yo que hacer con una muchacha anémica, hija o pensionista de un físico dietético? ¿A quién se le puede ocurrir hilvanar, como una sábana, estos dos términos disparatados : amor y dieta? No era todo eso una promesa de dicha, por cierto. ¡Diet-
10 ético!... ¡No, por Dios! Si algo debe comer, y comer bien, es el amor. Amor y dieta... ¡No, con mil diablos!

Esto era ayer de mañana. Hoy las cosas han cambiado. La he vuelto a encontrar, en la misma calle, y sea por la belleza del día o por haber adivinado en mis ojos quién sabe qué religiosa vocación dietética, lo cierto es que me ha mirado.

«Hoy la he visto..., la he visto... y me ha mirado... »

¡Ah, no! Confieso que no pensaba precisamente en el
20 final de la estrofa, lo que yo pensaba era esto : cuál debe ser la tortura de un grande y noble amor, constantemente sometido a los éxtasis de una inefable dieta...

Pero que me ha mirado, esto no tiene duda. La seguí, como el día anterior ; y como el día anterior, mientras con una idiota sonrisa iba soñando tras los zapatos de charol, tropecé con la placa de bronce :

DOCTOR SWINDENBORG
FÍSICO DIETÉTICO

30

¡Ah! ¿Es decir, que nada de lo que yo iba soñando podría ser verdad? ¿Era posible que tras los aterciopelados

mona (p. 11, l. 3) □ **de traje**: con un vestido (p. 11, l. 2)
a su lado: cerca de ella

<u>é</u>se: pronombre demostrativo señalado por el acento en la vocal
tónica □ **por cierto**: estaba claro
pensionista: huésped que paga su alojamiento
¿A quién se le puede ocurrir?: ¿Cómo es posible pensar? □
hilvanar: aquí, mezclar □ **términos disparatados**: palabras sin
relación lógica □ **dicha** = felicidad ≠ desdicha
algo: una cosa ≠ nada
dieta: privación; abstinencia

han cambiado: se han modificado
La he vuelto a encontrar: reiteración = la he encontrado
nuevamente; otra vez □ **<u>por haber</u> adivinado**: prop. causal, porque
ella había percibido □ **lo cierto es que**: no cabe duda que

la he visto < ver □ **me ha mirado**: se ha fijado en mí
no pensaba... <u>en</u>
lo que yo pensaba era esto: yo pensaba en lo siguiente

sometido < someter; subordinado ☒ **<u>los</u> éxtasis**
no tiene duda: es cierto (l. 16)
mientras: cuando
iba soñando: (p. 11, l. 20) □ **tras**: detrás de □ **charol**: es negro y
brillante □ **tropecé con** (p. 11, l. 1)

es decir: o sea
verdad: realidad □ **aterciopelados**: muy suaves

ojos de mi muchacha no hubiera sino una celestial promesa de amor dietético?

Debo creerlo así, sin duda, porque hoy, hace apenas una hora, ella acaba de mirarme en la misma calle y en la misma cuadra; y he leído claro en sus ojos el alborozo de haber visto subir límpido a mis ojos un fraternal amor dietético...

Han pasado cuarenta días. No sé ya qué decir, a no ser que estoy muriendo de amor a los pies de mi chica de traje
10 oscuro... Y si no a sus pies, por lo menos a su lado, porque soy su novio y voy a su casa todos los días.

Muriendo de amor... Y sí, muriendo de amor, porque no tiene otro nombre esta exhausta adoración sin sangre. La memoria me falta a veces: pero me acuerdo muy bien de la noche que llegué a pedirla.

Había tres personas en el comedor —porque me recibieron en el comedor—: el padre, una tía y ella. El comedor era muy grande, muy mal alumbrado y muy frío. El doctor Swindenborg me oyó de pie, mirándome sin decir
20 una palabra. La tía me miraba también, pero desconfiada. Ella, mi Nora, estaba sentada a la mesa y no se levantó.

Yo dije todo lo que tenía que decir, y me quedé mirando también. En aquella casa podía haber de todo; pero lo que es apuro, no. Pasó un momento aún, y el padre me miraba siempre. Tenía un inmenso sobretodo peludo, y las manos en los bolsillos. Llevaba un grueso pañuelo al cuello y una barba muy grande.

—¿Usted está bien seguro de amar a la muchacha? —me dijo, al fin.
30 —¡Oh, lo que es eso! —le respondí.

No contestó nada, pero me siguió mirando.

—¿Usted come mucho? —me preguntó.

no hubiera sino: sólo hubiera, no hubiera más que

creerlo □ **hace... una hora**: expresa el tiempo pasado
acaba de mirarme: me ha mirado hace poco tiempo
claro: valor adverbial = claramente □ **alborozo**: alegría
visto < ver □ **subir**: elevarse

ya: ahora □ **qué**: interrogación indirecta □ **a no ser que**: aquí, sino
que □ **estoy muriendo** < estar + ger.: me muero poco a poco
Y si no: s. e. me muero □ **por lo menos** = sí
novio: pretendiente □ **voy** < ir, yo...
Y sí = eso es, está claro
exhausta: esta adoración le consume
me falta: pierdo □ **a veces**: de vez en cuando □ **me acuerdo** <
acordarse = recuerdo > recordar □ **llegué a pedirla**: al fin pedí su
mano □ **comedor**: lugar donde se come
el padre: artículo con valor posesivo □ **tía**: hermana del padre o
de la madre □ **mal alumbrado**: con poca luz
me oyó < oir: me escuchó □ **mirándome**: observándome
La tía (l. 17) □ **desconfiada**: recelosa, no tenía confianza

Yo dije < decir □ **me quedé mirando**: no me moví > moverse
aquella: marca distancia y extrañeza □ **haber**: existir
apuro: A. L. = prisa □ **Pasó un momento aún**: se eterniza la escena
sobretodo peludo: abrigo con pelos largos ☑ **las manos en los bolsillos**:
(l. 17) □ **grueso**: amplio

amar a la muchacha = querer a...
dijo < decir: él me... □ **al fin**: finalmente
lo que es eso: eso sí □ **le respondí** = yo le contesté
no contestó nada = él no respondió nada □ **me siguió mirando**:
expresa la continuación; se quedó mirándome

—Regular —le respondí, tratando de sonreírme.

La tía abrió entonces la boca y me señaló con el dedo como quien señala un cuadro :

—El señor debe comer mucho... —dijo.

El padre volvió la cabeza a ella :

—No importa —objetó—. No podríamos poner trabas en su vía...

Y volviéndose esta vez a su hija, sin quitar las manos de los bolsillos :

10 —Este señor te quiere hacer el amor —le dijo—. ¿ Tú quieres ?

Ella levantó los ojos tranquila y sonrió :

—Yo, sí —repuso.

—Y bien —me dijo entonces el doctor, empujándome del hombro—. Usted es ya de la casa ; siéntese y coma con nosotros.

Me senté enfrente de ella y cenamos. Lo que comí esa noche, no sé, porque estaba loco de contento con el amor de mi Nora. Pero sé muy bien lo que hemos comido
20 después, mañana y noche, porque almuerzo y ceno con ellos todos los días.

Cualquiera sabe el gusto agradable que tiene el té, y esto no es un misterio para nadie. Las sopas claras son también tónicas y predisponen a la afabilidad.

Y bien : mañana a mañana, noche a noche, hemos tomado sopas ligeras y una liviana taza de té. El caldo es la comida, y el té es el postre ; nada más.

Durante una semana entera no puedo decir que haya sido feliz. Hay en el fondo de todos nosotros un instinto de
30 rebelión bestial que muy difícilmente es vencido. A las tres de la tarde comenzaba la lucha ; y ese rencor del estómago digiriéndose a sí mismo de hambre ; esa constante protesta

Regular: normalmente □ **tratando de sonreírme:** intentando sonreír □ **entonces:** en ese momento □ **me señaló** = me apuntó

dijo < decir
volvió la cabeza a ella: miró en su dirección
No importa: es igual; no tiene importancia □ **poner trabas en su vía:** poner obstáculos en su camino
volv<u>ié</u>ndose... a: dirigiéndose a □ **sin quitar:** dejando

le dijo...(él) < decir

levantó los ojos: miró al padre □ **sonrió** < sonreír
rep<u>uso</u> < reponer: contestó
Y bien: de acuerdo □ **empuj<u>án</u>dome del hombro:** con un gesto cariñoso del brazo □ **ya:** a partir de ahora □ **si<u>én</u>tese** (usted) < imperativo de sentarse
enfrente de ella: del otro lado de la mesa ☒ **cenamos:** pretérito
no <u>sé</u> < saber □ **loco de contento:** content<u>ísimo</u>

almuerzo < almorzar, comida de mediodía ≠ cenar > **ceno,** por la noche
Cualquiera: toda la gente □ **té:** la bebida ≠ te
nadie ≠ alguien
afabilidad: amabilidad
Y bien: pues bien, idea consecutiva □ **mañana a mañana:** una después de otra □ **liviana:** simple y ligera □ **caldo** = la sopa
postre: fruta o dulce que se sirve al final de la comida
haya sido feliz < <u>ser</u> feliz ≠ estar contento

<u>es</u> vencido < ser vencido : acción pasiva □ **A <u>las</u> tres la lucha:** el combate
a sí mismo: autoconsumiéndose □ **hambre** ≠ sed

de la sangre convertida a su vez en una sopa fría y clara, son cosas éstas que no se las deseo a ninguna persona, aunque esté enamorada.

Una semana entera la bestia originaria pugnó por clavar los dientes. Hoy estoy tranquilo. Mi corazón tiene cuarenta pulsaciones en vez de sesenta. No sé ya lo que es tumulto ni violencia, y me cuesta trabajo pensar que los bellos ojos de una muchacha evoquen otra cosa que una inefable y helada dicha sobre el humo de dos tazas de té.

10   De mañana no tomo nada, por paternal consejo del doctor. A mediodía tomamos caldo y té, y de noche caldo y té. Mi amor, purificado de este modo, adquiere día a día una transparencia que sólo las personas que vuelven en sí después de una honda hemorragia pueden comprender.

Nuevos días han pasado. Las filosofías tienen cosas regulares y a veces algunas cosas malas. Pero la del doctor Swindenborg —con su sobretodo peludo y el pañuelo al cuello— está impregnada de la más alta idealidad. De todo
20   cuanto he sido en la calle, no queda rastro alguno. Lo único que vive en mí, fuera de mi inmensa debilidad, es mi amor. Y no puedo menos de admirar la elevación de alma del doctor, cuando sigue con ojos de orgullo mi vacilante paso para acercarme a su hija.

Alguna vez, al principio, traté de tomar la mano de mi Nora, y ella lo consintió por no disgustarme. El doctor lo vio y me miró con paternal ternura. Pero esa noche, en vez de hacerlo a las ocho, cenamos a las once. Tomamos solamente una taza de té.

30   No sé, sin embargo, qué primavera mortuoria había aspirado yo esa tarde en la calle. Después de cenar quise repetir la aventura, y sólo tuve fuerzas para levantar la

la sangre □ **convertida a su vez**: transformada también

éstas: pronombre, ≠ estas adj. demos. (l. 4, p. 13) □ **no se las deseo a...** que nadie sufra lo que yo □ **esté** < estar ≠ este ≠ éste

la bestia originaria: la pulsión de vida □ **pugnó**: luchó

en vez de: y no □ **no sé ya**: se me olvidó

me cuesta trabajo: me es difícil

helada: glacial □ **humo**: vapor del té caliente

De mañana: por la... □ **no tomo**: no bebo ni como

de noche: por la noche

adquiere < adquirir □ **día a día**: poco a poco

sólo = solamente ≠ solo (adj.) □ **vuelven en sí**: recobran el sentido

honda = profunda

regulares: aceptables □ **la del**: la filosofía del doctor

sobretodo peludo: (l. 25, p. 15)

De todo cuanto: de todo lo que

...rastro alguno: ningún vestigio

fuera de = excepto □ **debilidad** ≠ fuerza

no puedo menos de: me siento impulsado a

vacilante: poco firme

acercarme a: ir cerca de

al principio ≠ al final □ **traté de tomar**: intenté tomar

consintió < consentir □ **por**: aquí = para □ **disgustarme**: apenarme

vio (él) < ver □ **ternura**: cariño □ **en vez de**: en lugar de

a las ocho...a las once: de la noche

sin embargo: con todo, no obstante □ **qué** = cuál □ **mortuoria**: en relación con la muerte □ **quise** (yo) < querer

tuve (yo) < tener □ **levantar**: alzar

mano y dejarla caer inerte sobre la mesa, sonriendo de debilidad como una criatura.

El doctor había dominado la última sacudida de la fiera.

Nada más desde entonces. En todo el día, en toda la casa, no somos sino dos sonámbulos de amor. No tengo fuerzas más que para sentarme a su lado, y así pasamos las horas, helados de extraterrestre felicidad, con la sonrisa fija en las paredes.

10

Uno de estos días me van a encontrar muerto, estoy seguro. No hago la menor recriminación al doctor Swindenborg, pues si mi cuerpo no ha podido resistir a esa fácil prueba, mi amor, en cambio, ha apreciado cuanto de desdeñable ilusión va ascendiendo con el cuerpo de una chica de oscuro que trepa una escalera. No se culpe, pues, a nadie de mi muerte. Pero a aquellos que por casualidad, me oyeran, quiero darles este consejo de un hombre que fue un día como ellos:

20   Nunca, jamás, en el más remoto de los jamases, pongan los ojos en una muchacha que tiene mucho o poco que ver con un físico dietético.

Y he aquí por qué:

La religión del doctor Swindenborg —la de más alta idealidad que yo haya conocido, y de ello me vanaglorio al morir por ella— no tiene sino una falla, y es ésta: haber unido en un abrazo de solidaridad al Amor y la Dieta. Conozco muchas religiones que rechazan el mundo, la carne y el amor. Y algunas de ellas son notables. Pero

30 admitir el amor, y darle por único alimento la dieta, es cosa que no se le ha ocurrido a nadie. Esto es lo que yo considero una falla del sistema; y acaso por el comedor del doctor

dejarla □ **inerte**: sin fuerza □ **sonriendo** < sonreír
una criatura: un niño pequeño, un bebé
sacudida: coletazo, sobresalto
fiera = bestia (l. 4, p. 19)
Nada_más □ **desde entonces...** hasta ahora □ **En todo el día**:
durante... □ **no somos sino**: no somos más que □ **No tengo fuerzas
más que para** (l. 6): sólo tengo fuerzas para
helados: extramadamente fríos □ **fija**: inmóvil

Uno de estos días: un día u otro □ **me van a encontrar**: alguien me
encontrará ☑ **hago** (yo) < hacer > tú haces □ **la menor**: la más
mínima □ **pues si...**: ya que si...
prueba: experiencia □ **en cambio**: al contrario □ **cuanto...**: toda
la desdeñable ilusión que... □ **ascendiendo** < ascender: subiendo
de oscuro: con vestido sombrío □ **No se culpe...a nadie**: nadie es
culpable □ **a aquellos que**: a cuantos
me oyeran < oír: eventualidad en el futuro □ **darles**

Nunca, jamás...jamases: advertencia suprema □ **pongan...** <
poner: imperativo, miren ustedes

he aquí por qué: les voy a decir por qué razón
la de: s. e la religión de □ **alta**: elevada
que yo haya conocido: que yo conocí □ **me vanaglorio**: me glorifico
(al) morir: en el momento de □ **falla**: defecto
abrazo: comunión
conozco < conocer (yo) □ **rechazan**: no aceptan
algunas de ellas: ciertas □ **notables**: dignas de consideración

no se le ha ocurrido a nadie: nadie lo ha imaginado
acaso: tal vez, posiblemente

21

vaguen de noche cuatro o cinco desfallecidos fantasmas de amor, anteriores a mí.

Que los que lleguen a leerme huyan, pues, de toda muchacha mona cuya intención manifiesta sea entrar en una casa que ostenta una gran chapa de bronce. Puede hallarse allí un gran amor, pero puede haber también muchas tazas de té.

Y yo sé lo que es esto.

vaguen < vagar: errar □ **desfallecidos**: débiles, sin fuerzas

los que lleguen a leerme: los que puedan leerme □ **huyan** < huir: se aparten de, eviten □ **cuya,** o: *dont la, le, l'* □ **sea** < ser: S. P. **ostenta**: luce, exhibe
hallarse: encontrarse □ **allí**: en la casa □ **gran_amor**

Grammaire au fil des nouvelles

Traduisez les phrases suivantes inspirées du texte (le premier chiffre renvoie aux pages, les suivants aux lignes) :

Je me retournai pour la regarder et je la suivis des yeux (*volverse a*, seguir au prétérit ; 10 - 3,4).

Je cessai donc de la voir (*dejar de* + inf., enclise ; 10 -23).

Ce n'était pas là ma place, à l'évidence ! (pronom démonstratif ; 12 - 4).

Je l'ai rencontrée de nouveau, dans la rue (valeur itérative de *volver a* + inf. ; 12 - 14).

Il y a une heure à peine, elle vient de me regarder (expression de la durée, *acabar de* + inf. ; 14 - 3,4).

Je ne sais plus quoi dire, si ce n'est que je me meurs d'amour (" Ne...plus ", interro. indirecte, forme progressive ; 14 - 8).

Je suis son fiancé et je vais chez elle tous les jours (1re pers. en *-oy* ; 14 - 11).

Il ne répondit rien, mais *il continua à me regarder* (*seguir* + gérondif ; 14 - 31).

Son père *tourna la tête* vers elle (16 - 5).

Et, *se retournant* cette fois vers sa fille, sans enlever les **mains de ses poches** (autre sens de *volverse* ; 16 - 8).

La seule chose **qui vive en moi, en dehors de mon immense faiblesse, c'est mon amour** (*lo* + adj., ser + n.c. ; 18 - 20,21).

Rien de plus depuis lors (20 - 5).

Que l'on n'accuse donc personne de ma mort (*a* devant des personnes c.o.d. ; 20 - 16,17).

Admettre l'amour, et lui donner le jeûne pour seul aliment, est chose *qui n'a traversé l'esprit de personne* (*ocurrírsele algo a alguien* ; 20 - 30,31).

Un grand amour peut *s'y trouver*, **mais il peut aussi** *y avoir* **beaucoup de tasses de thé** (traduction de "y" ; 22 - 6,7).

Adolfo Bioy Casares
(Argentina)

UN VIAJE INESPERADO

Nace en 1914 en Buenos Aires (Argentina).

Su amistad y luego sus trabajos con Jorge Luis Borges le abren las puertas del éxito en el dominio literario. En efecto, a partir de 1936, ambos fundan una revista, elaboran antologías, dirigen una colección de novelas policíacas, etc.

En 1940 aparece "La invención de Morel", novela que marca el principio de su carrera personal como novelista y cuentista. Entre sus novelas se pueden destacar "El sueño de los héroes", "Dormir al sol"; entre sus cuentos "La trama celeste", "Historia prodigiosa", "El lado de la sombra"...

"Un viaje inesperado" es uno de los cuentos que componen el libro "Historias desaforadas", publicado en 1986. En él, el narrador presencia, impotente, la derrota del personaje principal, un militar obsesionado por la imagen que los extranjeros tienen de su patria. Marcado por el humorismo, este cuento muestra por lo absurdo hasta qué punto nada es seguro en el mundo.

En la desventura nos queda el consuelo de hablar de tiempos mejores. Con la presente crónica participo en el esfuerzo de grata recordación en que están empeñadas plumas de mayor vuelo que la mía. Para tal empresa no me faltan, sin embargo, títulos. En el año ochenta yo era un joven hecho y derecho. Además he conversado a diario con uno de los protagonistas envueltos en el terrible episodio. Me refiero al teniente coronel (S.R.) Rossi.

A simple vista usted le daba cincuenta y tantos años; no 10 faltan quienes afirman que andaba pisando los noventa. Era un hombre corpulento, de cara rasurada, de piel muy seca, rojiza, oscura, como curtida por muchas intemperies. Alguien comparó su vozarrón, propio de un sargento acostumbrado a mandar, con un clarín que desconocía el miedo.

Inútil negarlo, ante el coronel Rossi me encontré siempre en situación falsa. Le profesaba un vivo afecto. Lo tenía por un viejo pintoresco, valiente, una reliquia de los tiempos en que no había criollos cobardes. (Advierta el lector: lo veía 20 así en el ochenta y en años anteriores.) Por otra parte no se me ocultaba que sus arengas por radio, de las 7 a.m., alentaban torvos prejuicios, alardeaban de una suficiencia del todo injustificada y socavaban nuestras convicciones más generosas. A lo mejor por la manía suya de repetir una máxima favorita ("Medirás tu amor al país, por tu odio a los otros") dieron en apodarlo el Caín de antes del desayuno. Me cuidé muy bien de protestar por esas burlas. Lo cierto es que si yo estaba con él, trabajábamos y no había terceros; y si estaba con terceros, no estaba con él para 30 sentir su ansiedad por el apoyo de los partidarios más leales (he descubierto que tal ansiedad es bastante común entre gente peleadora). Yo solía decirme que mi deber hacia el

26

desventura : adversidad □ **consuelo** > consolar

grata recordación : agradable evocación del pasado □
...empeñadas : se han lanzado □ **de mayor vuelo :** mejores □ **la mía :**
pronombre posesivo (mi pluma) □ **era** < ser
hecho y derecho : con cualidades propias de un joven □ **a diario :**
todos los días □ **envueltos** < envolver : mezclados
Me refiero a : quiero hablar de
...y tantos : ... y unos más
no faltan quienes : los hay para + inf., hay quien □ **andaba pisando**
< andar + ger. > ir + ger. : iba acercándose a □ **rasurada :** afeitada
= sin barba □ **rojiza :** tirando a rojo □ **curtida :** endurecida
Alguien : una persona □ **vozarrón :** voz potente
mandar : dar órdenes □ **clarín :** instrumento de música con el que
se toca la diana
ante : delante de, frente a □ **me encontré** < encontrarse
Le profesaba : sentía por él □ **afecto :** cariño □ **Lo tenía por :** lo
consideraba como □ **valiente** ≠ cobarde, miedoso □ **en que :**
durante los cuales □ **Advierta** < advertir : que el lector observe
no se me ocultaba : bien sabía yo, tenía presente
arenga : discurso □ **de las :** a las
alentaban : excitaban □ **torvos :** feos □ **alardeaban de :** ostentaban
socavaban : minaban
(convicciones) más generosas □ **por** = a causa de □ **suya** pr. pos.
= su manía □ **por :** aquí, a la medida de
dieron en apodarlo : a los oyentes se les ocurrió llamarlo
Me cuidé...de : evité protestar □ **burlas :** para ridiculizar

terceros : personas ajenas ; que no forman parte del grupo
ansiedad : deseo ardiente □ **leales :** fieles
he descubierto < descubrir
Yo solía : yo tenía la costumbre de

27

viejo amigo y hacia la verdad misma, reclamaba una reconvención de vez en cuando, un toque de atención por lo menos. Nunca fui más allá de poner sobre las íes puntos tan desleídos que ni el coronel ni nadie los notó; y si en alguna ocasión él llegó a notarlos, mostró tanta sorpresa y desaliento, que me apresuré a repetirle que sus exhortaciones eran justas. A veces me pregunté si el que pecaba de soberbia no sería yo; si no estaba tratando a un viejo coronel de la patria como a un niño al que no debe uno 10 tomar en serio. A lo mejor me calumnio. A lo mejor entonces me pareció una pedantería apenar a un ser humano en aras de la verdad, que no era más que una abstracción.

El coronel vivía en una casa modesta, de puertas y ventanas altas, muy angostas, en la calle Lugones. Para ir al baño o a la cocinita había que atravesar un patio con plantas en tinajas y en latas de querosene, si mal no recuerdo. Cuando pienso en Rossi, me lo figuro con el saco de lustrina para el trabajo de escritorio, siempre aseado, 20 activo, frugal. Todos los días compartíamos el mate y la galleta; los domingos, el mate y los bollitos de Tarragona. Puntualmente, a la misma hora, creo que serían las siete de la tarde, bolsiqueaba la pitanza que me correspondía por las tareas de escribiente y corrector. Debo admitir que la suma, en las anteriores épocas de grandeza y plata fuerte en las que mentalmente él vivía, hubiera significado una retribución magnífica. En resumen, y sobre todo si lo comparo con otros personajes de nuestro gran picadero político, tan diligentes para llenarse las alforjas, tan rumbosos con lo mal 30 habido, no puedo menos que felicitarme por haber hecho mis primeras armas de trabajo al lado de aquel viejo señor despótico, pero recto.

hacia: para con, frente a

reconvención: reproche □ **toque de atención**: advertencia

Nunca fui: (Ir) no fui nunca □ **poner sobre las íes puntos tan desleídos**: hacer aclaraciones con poca firmeza □ **los notó**: se dio cuenta de ello □ **mostró** = manifestó

desaliento: abatimiento □ **me apresuré a** + inf.: no tardé en

A veces = de vez en cuando □ **pecaba de soberbia**: caía en el pecado de orgullo

al que no debe uno: se implica el narrador en la generalidad, ...a quien no debemos □ **A lo mejor** + ind. = tal vez, es posible que + subj.

en aras de: sacrificado a □ **no era más que**: no era sino

angostas: estrechas ≠ anchas

baño > sala de baño □ **cocinita** □ **había que** + inf.: era necesario

tinajas y latas: recipientes de barro y de metal

me lo figuro: me lo represento □ **saco (A.L.) de lustrina**: chaqueta de tela lustrosa (brillante) □ **aseado**: limpio

compartíamos: consumíamos juntos □ **mate**: infusión típica del Río de la Plata □ **bollito**: bizcocho

serían las siete: eran, aproximadamente, las siete

bolsiqueaba: se buscaba en los bolsillos □ **pitanza**: (pop.) salario

tareas: trabajo

plata fuerte: dinero abundante y con valor

hubiera = habría

picadero: sitio donde se aprende a montar a caballo

llenarse las alforjas: (pop.) enriquecerse □ **rumbosos**: ostentosos

□ **(mal) habido**: obtenido indebidamente □ **no puedo menos que**: me siento obligado a

recto: derecho, honesto

Ahora hablaré del mes de marzo del ochenta y de su terrible calor. Este nos pareció tan extraordinario que en todo el país fue popular el dístico de mano anónima:

Hay algo cierto, y lo demás no cuenta:
el calor apretó en el año ochenta.

"La ola", como entonces decíamos, sorprendió al coronel en medio de una de esas campañas radiales en que
10 arremetía contra los países hermanos, el blanco predilecto, y contra los extranjeros en general, que sin empacho nos confunden con otros países, como en el ejemplo clásico de cartas, verdaderas o imaginarias, dirigidas a "Buenos Aires, Brasil", y como en el caso del francés que se mostraba escéptico sobre nuestra primavera y nuestro otoño y que por último declaró: "Ustedes tendrán seguramente dos estaciones, la de lluvias y el verano, pero calor todo el año". De la boca para afuera y ante los amigos yo desaprobaba a Rossi; pero en mi fuero interno solía acompañarlo de
20 corazón porque sus peroratas daban rienda suelta a sentimientos que trabajosamente y de mala gana reprimíamos. Rossi rechazaba la idea de que algún país del hemisferio pudiera aventajarnos. Un día me armé de coraje y observé:

—Sin embargo los números cantan. La ciencia estadística no deja lugar a fantasías.

Lo recuerdo como si fuera hoy. En días de gran calor se ponía bajo la papada un pañuelo de inmaculada blancura, a modo de babero para proteger la corbata. Exagerada
30 precaución: mentiría si dijera que alguna vez lo vi sudar. Pasándome un amargo, preguntó:

del ochenta...s. e. del año ochenta

(el) calor > □ **Este**: pro. demos. ... <u>el</u> calor

fue < ser □ **mano**: autor

algo: una cosa □ **lo demás** = el resto □ **cu<u>e</u>nta** < contar

...**apretó**: hizo un calor tremendo

"La ola": la onda □ **entonces**: en aquella época

radiales: por la radio

arremetía: lanzaba ataques verbales □ **el blanco**: *la cible*

sin empacho: sin la menor vergüenza

carta ≠ letra

del franc<u>és</u>

primavera, verano, otoño e invierno: las cuatro estaciones del año

por último: por fin □ **Ustedes**: en A.L. no existe el "vosotros"

español □ **la de**: s. e. la estación de

De la boca para afuera: exteriormente

en mi fuero interno: en el fondo, en mis adentros □ **solía**:

acostumbraba □ **perorata**: discurso pesado □ **daban rienda suelta**

a: liberaban □ **trabajosamente**: con dificultad □ **de mala gana**: con

mala voluntad □ **rechazaba** ≠ aceptaba □ **algún_país**

pudiera < poder: S.I. □ **aventajarnos**: ser mejor que nosotros

cantan: hablan

no deja lugar a fantasías: es rigurosa

Lo rec<u>ue</u>rdo < recordar algo; me acuerdo de ello □ **como si** + S.I.

papada: pliegue que se forma debajo de la barbilla

a modo de = como si fuera un

si d<u>ije</u>ra < decir: S.I. □ **alguna vez**: una sola vez

Pasándome un amargo: amonestándome

—¿Desde cuándo, recluta, las estadísticas le merecen tanta confianza?

Amistosamente me llamaba recluta. Insistí:

—¿No es raro que todas coincidan?

—Unas se copian de otras. No me diga que no sabe cómo las confeccionan. El empleado público se las lleva para su casita, donde las llena *a piacere*, cargando este renglón, raleando aquél, de manera de satisfacer los pálpitos y las expectativas del jefe.

10 —No le niego —concedí— que las reparticiones públicas trabajen sin la debida contracción; pero hay que rendirse a la evidencia.

—¿Rendirse? Lo que es yo, nunca.

—Y el petróleo venezolano, el oro negro ¿no le dice nada?

—Salga de ahí. No lo va a comparar con nuestra riqueza nacional.

—¿Y el volumen de la producción brasilera?

—Embustes de los norteamericanos, que no nos quieren.

20 ¿O usted me va a negar, recluta, que existe una conjura foránea, perfectamente orquestada, contra los criollos?

—¿No le convendría darse una vuelta y mirar con sus propios ojos? Hoy por hoy, con el costo de la vida, resulta más acomodado tomarse un avión y visitar Río, que no salir de estas cuatro paredes. Dicen que en las playas de Copacabana se ven cositas interesantes.

—No embrome. ¿Quién, en su sano juicio, va a pagar un pasaje para ir a sudar la gota gorda? Si me quedo acá, sé por lo menos que un día de estos viene un chaparrón y al 30 minuto sopla la fresca viruta.

La gota gorda y la fresca viruta eran dos expresiones

recluta: soldado novato □ **le merecen**: merecen para usted

Amistosamente < amistad
raro: extraño □ **coincidan**: estén de acuerdo (subj.)
diga < decir □ **cómo**: interrogación indirecta
las confeccionan: traduce la forma impersonal □ **las**: (s.e.)
estadísticas □ **casita**: diminutivo burlón □ **renglón**: línea
raleando ≠ cargando □ **aquél** (...renglón) □ **pálpitos** (A.L.)
impulsos
no le niego s. e. a usted □ **las reparticiones públicas**: los servicios
públicos □ **debida**: necesaria □ **hay que rendirse a**: hace falta
someterse a
lo que es yo: en lo que me concierne

Salga de ahí: no me venga con ese tema, evite eso □ **lo** (el petróleo)

brasilera (Arg.): brasileña
embustes: mentiras
conjura: conspiración
foránea: extranjera □ **criollos**: americanos blancos descendientes
de europeos □ **darse una vuelta**: ir a visitar otros países
Hoy por hoy: hoy en día, actualmente □ **resulta**: sale, es
acomodado: cómodo
Dicen que: la gente dice que

no embrome = hable en serio □ **en su sano juicio**: si es sensato
sudar la gota gorda: transpirar al sol □ **acá** = aquí
un día de estos: uno u otro día □ **chaparrón**: fuerte lluvia
viruta: brisa marina

típicas del coronel. Cuando uno oía la primera, sabía que poco después vendría la segunda. ¡Qué buenos tiempos!

A pesar de su aguante, en aquel marzo inolvidable el mismo Rossi flaqueó por momentos. Sentía el calor como un insulto. Le molestaba patrióticamente el hecho de que en esos días tan luego visitaran Buenos Aires no recuerdo qué político inglés y qué elenco francés de cómicos de la legua. Se sinceró conmigo:

—Si no viene una refrescada, ¿quién le saca de la cabeza
10 a esa pobre gente que somos un país del trópico? Basta haber ido al cine para comprobar con qué soltura el extranjero nos enjareta un color local rigurosamente latinoamericano.

Como todos nosotros, Rossi vivía entonces con el pensamiento fijo en la situación meteorológica. Aunque a la otra mañana tuviera que madrugar, por nada se tiraba en el catre sin oír el último boletín de media noche. Por aquellos días los boletines hablaban mucho de una batalla celestial entre dos masas de aire, una caliente y otra del polo
20 sur. Noté que para describir el fenómeno, a diferencia de los civiles, en particular de los periodistas, Rossi evitaba los términos militares. Así, en una de sus charlas de las 7 a.m. aseguró: "Del resultado de esta pulseada titánica depende nuestro destino".

Pulseada, nada de batalla. Por cierto si la afirmación concernía fenómenos del cielo era, como se comprobaría demasiado pronto, errónea. El lector sabe que entre el 9 de aquel marzo y el 4 de abril, una serie famosa de movimientos de tierra sacudió, noche a noche, a los
30 argentinos. Tales golpes de traslación, como se les llamaba, alarmaron al país entero, salvo al coronel, a quien distraían de la invariable temperatura agobiadora y lo arrullaban

uno oía: impersonal, pero equivale a yo

vendría < venir

A pesar de: locución concesiva, pese a □ **aguante:** resistencia □ **el mismo:** el propio □ **flaqueó por momentos:** tuvo momentos de debilidad □ **molestaba:** incomodaba

tan luego: (A.L.) además, encima □ **visitaran:** c. de t.

elenco...de cómicos de la legua: compañía de teatro que se desplazaba de pueblo a pueblo □ **Se sinceró:** fue sincero

refrescada < refrescar; tiempo más fresco □ **saca** ≠ introduce

Basta: es suficiente

comprobar: ver □ **soltura:** facilidad

nos enjareta: nos impone

entonces: en aquel momento

Aunque + subj.: *même si* ≠ aunque + ind.: *bien que*

tuviera que madrugar: debiera levantarse temprano □ **por nada:** por ninguna razón (aquí, nunca) □ **catre:** cama de campaña

celestial < cielo

Noté: observé, me di cuenta de

civiles ≠ militares

charlas: aquí, alocuciones con tono familiar

pulseada: enfrentamiento de fuerzas

nada de: pero no □ **por cierto:** introduce una idea sugerida por el tema evocado; a propósito de eso... □ **concernía** < concernir

movimientos de tierra: terremotos □ **sacudió:** hizo temblar (en el sentido concreto)

salvo a: excepto a

agobiadora: sofocante □ **lo arrullaban:** como a un bebé hasta dormirlo agradablemente. Acunado por el sismo soñó con los largos viajes en tren de su infancia. Es claro que no tan largos como los que estaba cumpliendo ahora.

Porque seguía el calor, el despertar fue siempre cruel; pero el peor de todos llegó esa terrible mañana en que el diario trajo una noticia ocultada hasta entonces por el gobierno, en salvaguarda de legítimas susceptibilidades de la población. Según se comentó después, alguien en Informaciones tuvo la idea, para prepararnos un poco, de 10 llamar golpes de traslación a los fenómenos de la corteza terrestre que todas las noches nos fastidiaban; para prepararnos y porque eso, cabalmente, eran: sucesivas traslaciones de la masa continental, de sur a norte, que finalmente dejaron a Ushuaia más arriba del paralelo 25, al norte de donde estuvo antes el Chaco, y a Caracas más arriba del paralelo 50, a la altura de Quebec.

Sin negar que el dolor moral nos alcanzaba a todos, me hice cargo de lo que significaba aquello para un hombre de los principios de Rossi. Por un sentimiento de respeto no 20 quise presentarme en la calle Lugones. Poco después, con apenada sorpresa, oí de boca de uno de los tiranuelos de la radio:

—Lo que amarga a Rossi es que algunos, que se dicen amigos, al suponerlo en situación comprometida, ya no quieren verlo.

No me ofendí. Como si nada, puse a la noche el despertador a las siete y, cuando sonó, a la mañana, prendí la radio. La inconfundible voz del coronel, con su temple y su brío invariables, me probó que el programa se 30 mantenía. Me embargó la emoción. Cuando logré sobreponerme, el vozarrón tan querido estaba diciendo que la Argentina, "después de muchos años de provocación

acunado < acunar : mecer (mover) a un niño en la cuna para que se duerma □ **soñó con**

tan largos **como** □ **los que estaba cumpliendo** : está viajando en sueño □ **el despertar** : viene después del sueño

el peor (s. e. despertar)

diario : periódico □ **trajo** < traer □ **noticia** : información

en salvaguarda de : para protegerse de

alguien ≠ nadie

la corteza terrestre : la capa externa de la tierra

nos fastidiaban : pop., nos causaban molestias

cabalmente : precisamente

Ushuaia : la ciudad más austral del mundo : capital de la provincia argentina de Tierra de Fuego □ **estuvo** < estar □ **el Chaco** : región despoblada de Sudamérica, entre el Paraguay, Bolivia, y la Argentina □ **negar** ≠ afirmar □ **nos alcanzaba a todos** : nos afectaba a todos □ **me hice cargo de lo que** : aquí, comprendí lo que **respeto**

quise < querer (yo)

apenada < pena □ **oí** < oir ≠ entender □ **tiranuelos** : desp., tiranos

amarga < amargura ≠ dulzura

al suponerlo : como lo suponen □ **comprometida** : difícil

Como si nada : como si no pasara nada □ **puse** < poner □ **a la noche** : por la noche (Arg.) □ **prendí la radio** : encendí la radio

la inconfundible : la única □ **temple** : aquí vigor

me probó : me dio la prueba

me embargó la emoción : me sumergió □ **logré sobreponerme** : conseguí recuperarme, superar la emoción □ **el vozarrón** : voz potente

37

gratuita, en un simple movimiento de mal humor, manifestado en un pechazo titánico, había empujado a sus hermanos linderos hasta el otro hemisferio". Se refirió también a los maremotos, vinculados con nuestro sismo, que produjeron desastres y cobraron vidas en las costas de Europa, de los Estados Unidos y del Canadá. Por último se dolió de la durísima prueba que soportaban los antiguos habitantes del trópico, por su repentino traslado al clima frío. Morirían como moscas. En el fondo de mi corazón yo
10 sabía que mi viejo amigo, dijera lo que dijera, estaba demasiado golpeado, para hallar consuelo. Por desgracia, no me equivocaba. De buena fuente supe que poco después, al ver en una revista una fotografía de brasileros, abrigados con lanas coloradas y entregados con júbilo a la práctica del esquí en laderas del Pan de Azúcar, no pudo ocultar su desaliento. El tiro de gracia le llegó en un misterioso despacho telegráfico, fechado en La Habana, donde el intenso frío habría producido espontáneamente renos, de menor tamaño que los canadienses. Nuestro campeón
20 comprendió entonces que toda lucha era inútil y renunció a la radio. Alguien, que lo había seguido siempre desde el anonimato de la audiencia multitudinaria, se enteró de que Rossi quería retirarse para sobrellevar el dolor a solas y le dio asilo en sus cafetales de Tierra del Fuego. Sobre el escritorio tengo la última fotografía que le tomaron. Se lo ve con una casaca holgada, tal vez de lino, y con un sombrero de paja, de enorme ala circular. Vaya uno a saber por qué, aunque la expresión del rostro no parezca demasiado triste, la fotografía me deprime.

mal humor

pechazo < pecho; -azo: *coups de...* □ **empujado**: rechazado

linderos: contiguos, fronterizos

maremotos: movimientos del mar debidos a un sismo en el fondo

produjeron < producir □ **cobraron**: costaron

del Canadá □ **por último**: por fin

se dolió de: tuvo compasión por □ **durísima**: muy dura

repentino traslado: cambio súbito de lugar

Morirían: iban a morir

dijera lo que dijera: giro concesivo, por mucho que dijera (s. e.
hablaba en vano) □ **golpeado**: afectado □ **hallar consuelo**
consolarse □ **no me equivocaba**: yo tenía razón □ **supe** < saber

al ver: cuando él vio □ **brasileros**: (Arg.) habitantes del Brasil,
brasileños □ **entregados con júbilo a**: que se daban con placer a

laderas: vertientes □ **el Pan de Azúcar**: símbolo de Río de Janeiro

desaliento: abatimiento □ **le llegó**: lo recibió

despacho telegráfico: telegrama □ **fechado**: expedido

habría producido: hipótesis □ **renos**: animales que suelen vivir en
el gran norte □ **los canadienses**: los del Canadá

multitudinaria < multitud; numerosa □ **se enteró de**: supo

sobrellevar el dolor a solas: sufrir de modo solitario

dio < dar □ **cafetales**: plantaciones de café

el escritorio: mesa de trabajo □ **que le tomaron**: que le sacaron

holgada: amplia

Vaya uno a saber por qué: Quién sabe por qué

rostro: cara

Grammaire au fil des nouvelles

Traduisez les phrases suivantes inspirées du texte (le premier chiffre renvoie aux pages, les suivants aux lignes):

Inutile *de le nier*, devant le colonel Rossi, je me suis toujours trouvé dans une situation fausse (enclise avec l'infinitif, passé composé > passé simple ; 26 - 16).

Je *le* considérais comme un vieillard pittoresque (26 - 17).

Pour aller à la salle de bains ou à la *kitchenette*, il fallait *traverser* la cour (diminutif, expression de l'obligation impersonnelle ; 28 - 16).

Je m'en souviens *comme si c'était* aujourd'hui (diphtongaison, *como si* + imp. del subj. ; 30 - 27).

***Il faut* se rendre à l'évidence** (obligation impers. ; 32 - 11).

***On dit* que sur les plages de Copacabana *on voit* des choses bien intéressantes** (traduction de "on", autre valeur du diminutif ; 32 - 25 et 26).

Quand *on entendait* la première, *on savait que,* peu après, viendrait la seconde (*uno* + 3e pers. ; 34 - 1,2).

Il ressentait *la chaleur* comme une insulte (genre des mots en *or* ; 34 - 4).

***Même si* le lendemain *il devait se lever tôt*, pour rien au monde il ne se jetait sur le lit sans entendre le dernier bulletin de minuit** (*aunque* + imp. del subj. ; 34 - 15).

Durant *ces journées-là*, les bulletins d'informations parlaient beaucoup d'une bataille céleste (démonstratif ; 34 - 1).

Bercé par le séisme, *il rêva des* longs voyages en train de son enfance (*soñar con, largo* faux ami ; 36 - 1,2).

***Comme si de rien n'était*, le soir je mis le réveil sur *sept* heures, et quand il sonna le matin, j'allumai la radio** (expression de l'heure ; passé simple ; 36 - 26,27).

On le voit* avec une veste ample, peut-être en *lin (traduction de "on", *de* + matière ; 38 - 26).

Joaquín Pasos
(Nicaragua)

EL ÁNGEL POBRE

Nace en 1915 en Granada (Nicaragua) y muere en 1947 en Managua (Nicaragua).

Fue abogado y ejerció también el periodismo. Formó parte del Grupo de Vanguardia y parece también que la literatura de lengua inglesa influyó en su escritura hasta tal punto que publicó algunos poemas en este idioma.

Si es un autor casi ignorado en Europa, es conocido en su propio país y en el mundo hispanoamericano esencialmente como poeta. De él se publicaron los libros de poesía siguientes: "Las bodas de un carpintero" en 1935, "Misterio indio. Breve suma" en 1946 y "Poemas de un joven" en 1962 (publicacion postuma).

El cuento "El ángel pobre" si bien no forma parte de su producción habitual, se desarrolla en un ambiente al que no le falta cierto lirismo. El mundo de los hombres y de sus preocupaciones más triviales se enfrenta a otro mundo nacido de los ideales cristianos más puros. Del encuentro entre la lógica humana y la lógica divina nace un drama matizado por cierto humorismo negro.

"El ángel que nos desespera de la vida para librarnos de las tentaciones de la vida". — *Anzoátegui.*

I

Tenía una expresión serenísima en su cara sucia. En cambio, una mirada muy atormentada en sus ojos limpios.
10 La barba crecida de varios días. El cabello arreglado solamente con los dedos.

Cuando caminaba, con su paso cansado, las puntas de sus alas arrastraban de vez en cuando en el suelo. Jaime quería recortárselas un poco para que no se ensuciaran tanto en las últimas plumas, que ya estaban lastimosamente quebradas. Pero temía. Temía como se puede temer de tocar un ángel. Bañarlo, peinarlo, arreglarle las plumas, vestirlo con un hermoso camisón de seda blanca en vez del viejo overol que lo cubría, eso deseaba el niño. Ponerle, además,
20 en lugar de los gruesos y sucios zapatones oscuros, unas sandalias de raso claro.

Una vez se atrevió a proponérselo.

El pobre ángel no respondió nada, sino que miró fijamente a Jaime y luego bajó al jardín a regar sus pequeños rosales japoneses.

Siempre que hacía esta tarea se echaba ambas alas hacia atrás y las entrelazaba en sus puntas. Había en este gesto del ángel algo de la remangada de fustanes de la criada fregona.
30 En realidad, muy poco le servían las alas en la vida doméstica. Atizaba el fuego de la cocina con ellas algunas veces. Otras, las agitaba con rapidez extraordinaria para

42

librarnos: preservarnos

serenísima: muy serena □ **sucia** ≠ limpia

mirada < mirar □ **atormentada**: angustiada □ **limpios**: límpidos
≠ turbios □ **cabello** = pelo □ **arreglado**: ordenado

los dedos: tenemos cinco en cada mano

cansado = fatigado

alas: atributo de los pájaros y de los ángeles □ **arrastraban**: se
movían en contacto con el suelo □ **recortárselas**: cortarle las alas

lastimosamente: lamentablemente

quebradas: <u>rotas</u> < romper □ **temía**: tenía miedo

Bañarlo (C.O.D.) ≠ **arreglarle** (C.O.I.)

camisón: camisa larga y amplia □ **seda**: tela muy suave

overol: sobretodo

en lugar de = en vez de □ **los gruesos**: poco finos □ **zapatones**:
sufijo aumentativo y despectivo □ **raso**: satén

se atrevió <u>a</u> + inf.: no dudó <u>en</u> + inf.

<u>no</u>..., <u>sino que</u>...: giro adversativo

luego: después □ **bajó...<u>a</u> regar**: a echar agua a

Siempre que: cada vez que □ **se echaba**: se ponía □ **ambas**: las dos
atrás: a su espalda

remangada < remangarse: subirse las mangas □ **fustanes**: A.L.
enaguas, *les jupons* □ **(criada) fregona**: sirvienta que limpia la casa

Atizaba: avivaba
Otras: s. e. veces

43

refrescar la casa durante los días de calor. El ángel sonreía extrañamente cuando hacía esto. Casi tristemente.

Es lógico que los ángeles denoten su edad por sus alas, como los árboles por sus cortezas. No obstante, nadie podía decir qué edad tenía aquel ángel. Desde que llegó al hogar de don José Ortiz Esmondeo —hace dos años más o menos —tenía la misma cara, el mismo traje, la misma edad inapreciable.

Nunca salía, ni siquiera para ir a misa los domingos. La
10 gente del pueblo ya se había acostumbrado a considerarlo como un extraño pájaro celestial que permanecía a toda hora en la casa de Ortiz Esmondeo, enjaulado como en un nicho de una iglesia pajaril.

Los muchachos del pueblo que jugaban en el puente fueron los primeros que vieron al ángel cuando llegó. Al principio le arrojaron piedras y luego se atrevieron a tirarle de las alas. El ángel sonrió y los muchachos comprendieron en su sonrisa que era un ángel de verdad. Siguieron callados y miedosos su paso reposado, triste, casi cojo.
20 Así entró a la ciudad, con el mismo overol, con los mismos zapatos y con una gorrita a la cabeza. Con su mismo aspecto de ángel laborioso y pobre, con su misma sonrisa misteriosa.

Saludó con gesto de sus manos sucias a los zapateros, a los sastres, a los carpinteros, a todos los artesanos que suspendían asombrados sus trabajos al verlo pasar.

Y llegó así a la casa acomodada de don José Ortiz Esmondeo, rodeado por las gentes curiosas del barrio.

Doña Alba, la señora, abrió la puerta.
30 —Soy un ángel pobre —dijo el ángel.

refrescar: dar frescura

denoten < denotar; revelen
corteza: capa externa del árbol □ **No obstante**: sin embargo
al hogar de: a la casa de

traje: vestido
inapreciable: que no se podía estimar
Nunca salía = no salía nunca □ **ni siquiera** = no salía siquiera

permanecía: se quedaba
enjaulado: preso como un pájaro en jaula
nicho: cavidad donde se colocan imágenes de santos □ **pajaril**:
para pájaros

arrojaron: tiraron, lanzaron □ **se atrevieron a**: osaron

un ángel de verdad: un ángel verdadero □ **callados**: silenciosos
reposado: aquí, lento □ **(paso) cojo**: paso irregular

gorrita < gorra: se usa para cubrirse la cabeza
laborioso < (la) labor = el trabajo
sonrisa > sonreír
zapateros: hacen o remiendan los zapatos
sastres: hacen trajes de hombre □ **carpinteros**: trabajan la madera
para hacer muebles u objetos □ **asombrados**: sorprendidos
acomodada: que denotaba cierta riqueza
rodeado: con gente alrededor de él □ **barrio**: distrito
la señora: la dueña, esposa de don José
dijo < decir

II

La casa siguió siendo la misma, la vida siguió llevando la misma vida. Sólo los lirios, los rosales, las azucenas, sobre todo las azucenas del jardín, tenían más hermosura y más alegría.

El ángel dormía en el jardín. El ángel pasaba largas horas cuidando el jardín. Lo único que aceptó fue comer en la casa de la familia.

10   Don José y Doña Alba casi no se atrevían a hablarle. Su respeto era silencioso y su secreta curiosidad sólo se manifestaba con sus sostenidas miradas sobre su cuerpo, cuando estaba de espaldas, y dirigida insistentemente sobre el par de largas alas.

Los rosales japoneses sonreían durante toda la mañana. Al atardecer, el ángel los acariciaba, como cerrando los ojos de cada una de las rosas. Y cuando el jardín dormía, extendía las alas sobre la yerba y se acostaba con la cara al cielo.

20   Al salir el sol se despertaba Jaime. Al despertarse, encontraba al ángel a su lado, apoyado en el hombro de su alma.

El juego comenzaba. Bajo la sombra del jardín, Jaime veía convertirse en seres con vida a todos sus soldaditos de plomo, oía los pequeños gritos de mando del capitán de su minúsculo buque, hablaba con el chofer de latón de su automovilito de carreras, y por último, entraba él mismo como pasajero a su tren de bolsillo.

La presencia natural del ángel daba a estos pequeños
30   prodigios toda naturalidad.

siguió siendo, siguió llevando < seguir + ger.: expresa la continuidad □ **rosales**: producen las rosas □ **azucenas**: flores, símbolo de la monarquía francesa □ **hermosura**: esplendor (el)

cuidando < cuidar; ocupándose de □ **Lo único**: la única cosa

casi no se atrevían: apenas se atrevían

sostenidas: insistentes
estaba de espaldas: lo veían de detrás ≠ de cara, de frente
el par: conjunto de dos

Al atardecer: al crepúsculo □ **acariciaba** = hacía una caricia, tocaba suavemente
yerba = hierba

Al salir el sol: al amanecer □ **se despertaba** ≠ se dormía
apoyado: que se sostenía ☑ **el hombro** (≠ el hombre): parte superior del tronco
comenzaba = empezaba
convertirse en: transformarse en □ **seres** < un ser □ **soldaditos**
gritos de mando: las órdenes ≠ el orden
buque: nave, barco
automovilito de carreras: de competición □ **por último**: por fin
tren de bolsillo: tren miniatura

prodigios: milagros

III

Pero el ángel pobre era tan pobre que no tenía ni milagros. Nunca había resucitado a ningún muerto ni había curado ninguna enfermedad incurable. Sus únicas maravillas, aparte de sus alas, consistían en esos pequeños milagros realizados con Jaime y sus juguetes. Eran como las pequeñas monedas de cobre que le correspondían del colosal tesoro de los milagros.

10   Sin embargo, la gente no se cansaba de esperar el milagro estupendo, el gran milagro que debía ser la explicación y el motivo de la presencia del ángel en el pueblo.

El hombre acostumbra considerarse como un niño mimado por lo divino. Llega a creerse merecedor a la gracia, al amor de Dios, a los milagros. Su orgullo le esconde sus pecados, pero cuando se trata de un favor sobrenatural entonces intenta cobrar hasta lo último de la misericordia divina.

Había algo de exigencia en la expectativa del pueblo. El
20 ángel era ya un orgullo local que no debía defraudar las esperanzas de la población. Lo estaban convirtiendo poco a poco en algo así como un pájaro totémico. Era casi una bestia sagrada.

Se organizaron sociedades para cuidar al ángel. La Municipalidad dio decretos en su honor. Se le remitían los asuntos locales para su solución. Por último, hasta se le ofreció el cargo de Alcalde.

Todo en vano. El ángel lo desechaba todo disimuladamente. Nada le interesaba, según parecía. Sólo daba
30 muestras de una entrañable afición a la jardinería.

48

no tenía ni milagros: ni siquiera hacía milagros

ningún muerto < morir □ **ni había curado**: <u>tampoco</u> había devuelto la salud a ningún enfermo

aparte de: además de

juguetes (n.c.) < jugar

cobre: metal de poco valor

no se cansaba de esperar: <u>seguía esperando</u> con paciencia

estupendo: aquí, fabuloso y sorprendente □ **gran_milagro**

acostumbra + inf.: suele + inf. = tiene la costumbre de

mimado: tratado con excesiva benevolencia □ **Llega a creerse merecedor a la...**: hasta cree que merece la...

(le) esconde: le impide ver

intenta cobrar: trata de recibir

Había algo de: entraba una parte de □ **expectativa**: espera

defraudar: decepcionar

la población: los vecinos del pueblo □ **Lo estaban conv<u>irtiendo</u>...<u>en</u>**: estaban haciendo de él □ **algo así**: una cosa parecida a

bestia = animal

Se organizaron: traduce la forma impersonal □ **sociedades**: asociaciones □ **<u>se</u> <u>le</u> remitían**: sometían a su juicio

asuntos: temas

Alcalde: primera autoridad del municipio (y del ayuntamiento)

<u>lo</u> desechaba <u>todo</u>: lo rechazaba todo □ **disimuladamente**: con disimulo para no ofender □ **según parecía**: al parecer

muestras: pruebas □ **entrañable afición a**: profunda inclinación a

49

IV

Cuando don José se decidió a tener una entrevista con el ángel algo serio sucedía.

El ángel entró sonriendo a la oficina. Limpió a la puerta el lodo de sus zapatones oscuros, se sacudió las alas y se sentó frente al señor Ortiz.

Don José estaba visiblemente molesto. Sus ojos bajaron varias veces ante la vista del ángel, pero al fin, con una
10 mueca lastimosa, principió:

—Bueno, mi amigo, yo nunca le he llamado a usted para molestarlo en nada, pero ahora quiero hablarle de un asuntito que para nosotros es muy importante.

Tos. Pequeña sonrisa.

—Se trata, —prosiguió— de que desde un mes a esta parte nuestros negocios han venido tan mal que, francamente hablando, estoy al borde de la quiebra. La Compañía Eléctrica que, como usted sabe, constituye mi única fortuna, ha fracasado totalmente y pasará a manos del
20 Estado. Lo que el gobierno me reconozca apenas bastará para cubrir mis deudas. Ante esta perspectiva, me he atrevido a llamar a usted para suplicarle que nos consiga, aunque sea prestada, mi amigo, alguna platita, algo que nos saque de este apuro...

El ángel, muy serio, se sacó las bolsas de su overol. Un pedazo de pan, una aguja de tejer, un trapo, varias semillas secas y un silbato viejo.

Don José le lanzó una mirada extraña y dijo:

—Ya sé que usted no tiene nada, pero puede pedir... yo
30 no sé... un poco de plata, de oro, algún milagrito, mi amigo. Algo sencillo, que no lo comprometa... Además, nosotros no diremos ni media palabra... Así se arreglaría toda esta

sucedía: estaba pasando

sonriendo < sonreír □ **oficina**: despacho, escritorio

lodo: barro, mezcla de tierra y agua □ **se sacudió las alas**: hizo
movimientos con ellas para quitarse el lodo de encima (p. 42, l. 14)

molesto: mal a gusto

varias veces: repetidas veces □ **ante la vista**: <u>al</u> ver al...

mueca lastimosa: la expresión de su cara daba pena de ver

moles<u>tarlo</u>: perturbar su tranquilidad □ **en nada**: de ninguna
manera □ **asuntito**: problema pequeño

Tos > toser

prosi<u>guió</u> < proseguir □ **desde un mes a esta parte**: desde hace un
mes

la quiebra: en un negocio, cuando el capital no alcanza a cubrir
las deudas □ **constituye** < constituir

ha fracasado: se ha venido abajo ≠ ha prosperado

Lo que el gobierno me recon<u>ozca</u> < reconocer; los bienes que las
autoridades del Estado consideren <u>míos</u> □ **deuda** = pasivo

suplic<u>arle</u>: implorarle □ **consiga** < conseguir: obt<u>enga</u>

aunque + subj., *même si* □ **alguna pla<u>tita</u>**: (pop.) un poco de dinero

(que nos) saque de apuro: que nos permita salir del mal paso

se sacó las bolsas: enseñó lo que tenía

pedazo: trozo □ **trapo**: *chiffon* □ **semillas**: granos

silbato: instrumento que produce un sonido muy agudo cuando se
sopla en él □ **extraña**: insólita

Ya <u>sé</u>: bien sé yo (< saber)

plata: metal precioso (o dinero) □ **algún mila<u>grito</u>**: cualquier
milagrito □ **sencillo**: simple □ **lo comprometa**: lo ponga en una
situación difícil □ **se arreglaría**: tendría solución

situación y usted podría seguir muy tranquilo viviendo con nosotros como hasta ahora, mi amigo.

Don José tenía la cara roja de vergüenza. Pero estaba decidido a jugarse el todo por el todo. El era decente, lo sabía muy bien, y era correcto y era honrado, pero también era práctico. Tengo que ser práctico y hablar claramente, se decía. Al pan, pan.

—Ya ve, nosotros nunca le hemos pedido nada. Jamás le hemos molestado, ¿no es cierto? Pero ahora la familia
10 necesita arreglar este asunto, tener un poco de "flojera", para seguir viviendo, para seguir sirviendo a Dios, mi amigo...

¿Dónde había oído don José esta frase de "seguir sirviendo a Dios", que por primera vez pronunciaban sus labios? ¡Ah! Sonrió por dentro. El cura... aquella misa cantada... ¡el sermón!

El ángel se puso definitivamente serio. Su mirada era fija, directa.

—José, —dijo muy despacio —ya que usted quiere que
20 hablemos francamente, vamos a ello. Cuando yo le dije a su señora que yo era un ángel pobre, era porque en realidad soy ángel y soy pobre. Es decir, la pobreza es una cualidad de mi ser. No tengo bienes terrenales ni puedo tenerlos. Tampoco puedo darlos. Eso es todo.

Pausa. Con la mirada más fija aún, continuó:

—No obstante, como yo les estoy sumamente agradecido y veo que la vida está muy dificultosa para ustedes, les libraré de ella con muchísimo gusto, si ustedes lo desean.

—¿Cómo? ¿Qué dice?
30 —Pues que como la vida les está siendo tan desagradable, puedo conmutarles por gracias especiales lo que ustedes

seguir : continuar

vergüenza : aquí, confusión

honrado : honesto, de conducta digna

Al pan, pan (...y al vino, vino): hablar claro, sin rodeos
ve < ver □ **Jamás** : nunca
¿no es cierto? : ¿ verdad ?
necesita arreglar : tiene que solucionar □ **"flojera"** : alivio;
necesita "respirar" □ **sirviendo** < servir

Dónde : acento en el giro interrogativo
por primera vez
labios : *lèvres* □ **sonrió** < sonreír □ **por dentro** : interiormente

se puso < ponerse ; se opera una transformación

despacio : lentamente □ **ya que** : dado que, puesto que
vamos a ello... al grano : directamente al tema
su señora : la esposa de usted
Es decir = O sea ; introduce una precisión
bienes terrenales : riquezas materiales
darlos (s.e. los bienes) □ **Eso es todo** : nada más
más fija aún : todavía más fija
No obstante : sin embargo □ **sumamente** : extremadamente □ **estoy
agradecido** : siento gratitud ⊠ **la vida está muy dificultosa** : difícil,
s.e., en estos momentos □ **(les) libraré de ella** : les libertaré de la
vida
les está siendo : se está volviendo para ustedes
conmutarles : cambiarles

53

ganarían ofreciendo esas penalidades a Dios, y suprimirles la existencia terrenal.

—Es decir, ¿lo que usted se propone es matarnos?

—No. No lo diga así con lenguaje pecaminoso. Simplemente se trata de quitarle la vida a usted y a su familia. Desde hace algún tiempo, José, he venido pensando llamar a usted para hacerle este ofrecimiento, pues yo les debo a ustedes muchos favores y finezas. Y ahora, en estas circunstancias, sería la solución de todas las
10 dificultades de su familia.

Los ojos de Don José se encendieron. Su boca estaba seca.

—Cómo va a creer —gritó—. Yo entiendo que usted quiere morirse porque usted vive en la otra vida y, porque, además, ¡usted no se puede morir! pero nosotros, ¡eso es diferente!

—Es natural su defensa natural, José. Su vida pide la vida, yo lo sé, pero reflexione que ésta es una doble oportunidad: la oportunidad de librarse para siempre de
20 esos apuros materiales que tanto le intranquilizan, y la oportunidad de morirse santamente. Es ventajosísimo. Yo les fijaré el día y la hora de sus muertes, y ustedes arreglarán perfectamente, y con mi ayuda, sus cuentas con Dios. Yo seré un guía para sus almas. Y no se preocupe por la muerte: yo soy un experto en el asunto pues fui discípulo del Ángel Exterminador.

Don José estaba furioso. Sin contenerse gritó:

—¡No señor, de ninguna manera! Mi vida vale mucho, mucho más de lo que usted piensa. Eso que usted me
30 propone es un atrevimiento, una barbaridad, un homici-dio... un homicidio premeditado, eso es.

—Las muertes de todos los hombres son, José, otros

terrenal < tierra

Es decir: dicho de otro modo □ **es matarnos**

lenguaje pecaminoso: lenguaje censurable desde el punto de vista religioso □ **quitarle** ≠ darle

Desde hace algún tiempo: traduce el tiempo pasado □ **he venido pensando:** hace algún tiempo que estoy pensando □ **ofrecimiento** < ofrecer: oferta □ **finezas:** delicadezas, atenciones

se encendieron: brillaron, echaron chispas ≠ se apagaron

Cómo va a creer: cómo puede usted imaginar tal cosa ⊠ **entiendo:** comprendo

además: por otra parte

reflexione < reflexionar: considere □ **ésta:** pronombre demos.

librarse...de: liberarse de

apuros: dificultades □ **le intranquilizan:** le atormentan (≠ tranquilizar) □ **santamente:** como un santo □ **Es ventajosísimo:** trae muchos beneficios □ **fijaré:** determinaré □ **arreglarán:** ajustarán □ **mi ayuda:** mi asistencia □ **cuentas:** deudas

guía: indica el camino

pues = puesto que □ **fui discípulo de...:** recibí la enseñanza del **Angel Exterminador** (durante el Exodo que relata la Biblia, exterminó a los egipcios para proteger la huida de los judíos)

vale mucho: tiene mucho valor

más de lo que...

atrevimiento: desvergüenza (falta de respeto) □ **barbaridad:** atrocidad, acto inhumano

Las muertes ≠ los muertos

tantos homicidios, solamente que no son delitos ni pecados porque son realizados por Dios. ¡ Ustedes los hombres son tan pretenciosos que llegan a creer que sus vidas son de ustedes ! La muerte es necesariamente deseada por el hombre justo. El suicidio sería la solución más lógica y el fin más inteligente de las vidas de todos los hombres lógicos e inteligentes, si el suicidio fuese permitido por Dios.

—¡ Bueno ! ¡ Suficiente ! ¡ No quiero nada con usted !

10

V

Los once años de Jaime vieron de otra manera el asunto.

—Angel, mátame hoy —le decía—, mátame bajo tus rosales japoneses, de un solo golpe de ala.

VI

20

Murió el niño. El ángel extendió sus alas sobre él durante la misteriosa agonía. Era una muerte suave, una muerte de pájaro. Una muerte que entraba de puntillas y sonriendo.

Cuando todo había terminado tan silenciosamente, la fuerza de la muerte invadió la casa. Un enorme recogido comprimido estalló en el aire de la muerte. La casa entera pujaba, se expandía. Un olor indefinible cubrió los objetos : se abría una gaveta y salía de ella un perfume sobrenatural ; los pañuelos lo tenían, y el agua y el aire lo llevaban. Parecía
30 un incienso de ultratumba que denotaba el final de un rito desconocido y milagroso.

En el jardín, los lirios y las azucenas se pusieron más

(otros) tantos: iguales a □ pecados: faltas condenadas por los preceptos de la religión □ Ustedes: en A.L., no existe el "vosotros" español □ pretenciosos ≠ modestos □ son de ustedes = les pertenecen □ deseada < desear

la solución más lógica...

e inteligentes: y > e delante de palabras que empiezan por "i" o "y" □ si...fuese (o fuera) permitido por Dios: si Dios permitiera...

¡Suficiente!: ¡Basta!

vieron < ver

el asunto: la cuestión

mátame: hazme morir □ bajo tus rosales: debajo de...

de un solo golpe de ala: con sólo un aletazo (con un solo movimiento de ala)

Murió < morir □ extendió: desplegó

Era < ser □ suave: dulce

que entraba de puntillas: sin hacer ruido

invadió: tomó posesión de

estalló: explotó

pujaba > empujaba: hacía esfuerzos para expandirse (extenderse)

gaveta: parte cerrada del escritorio (cajón)

pañuelos: *mouchoirs*

incienso: al quemarse, desprende un perfume □ ultratumba: más allá de la muerte □ milagroso < milagro: de origen divino

azucenas: (p. 47, l. 2) □ se pusieron < ponerse

blancas, con un incontenible, un ilimitado color blanco. Y los rosales japoneses ofrecieron cada cinco minutos una nueva cosecha de rosas encarnadas.

Don José se puso como loco. Momentos antes de su muerte, Jaime se le acercó para pedirle permiso de morir. Por supuesto, le prohibió semejante locura.

Pero el niño ya tenía la vocación de la muerte, amaba la muerte con todas las fuerzas de su vida.

De nada sirvieron las protestas y las lágrimas de Doña Alba; y Don José no encontró amenazas con qué amenazar a su hijo.

Por eso, su cólera ciega cayó sobre el ángel. Salió a la plaza rodeado por los Concejales de la Alcaldía, y con lágrimas en los ojos se dirigió al pueblo en un discurso muy conmovedor, pidiendo justicia contra el ángel, a quien procesaría por asesinato premeditado, según dijo.

Pero ni el Juez ni los guardias se atrevieron a arrestar al ángel.

Fue el Alcalde quien tomó el asunto en sus manos notificando al ángel que debía abandonar la ciudad inmediatamente.

VII

A las doce del día, bajo el tremendo sol meridiano, salió el Angel Pobre, más pobre y más ángel que nunca, del hogar Ortiz Esmondeo.

Por las calles polvorientas del pueblo iba arrastrando sus alas sucias y quebradas. Los hombres malos de los talleres de la Compañía Eléctrica se le acercaron en grupo, y con

incontenible: desbordante □ **ilimitado**: sin límites

japoneses: <u>del</u> Japón

cosecha: aquí, floración □ **encarnadas**: de color rojo vivo

se puso: traduce una transformación pasajera □ **momentos antes**:
un poco antes □ **se le acercó**: vino cerca de él

Por supuesto: claro □ **prohibió** ≠ permitió □ **semejante locura**: tal
aberración □ **ya tenía**: tenía de antemano

De nada <u>sir</u>vieron < servir = No sirvieron <u>para nada</u> □ **las lágrimas**
> llorar □ **con qué**: para

ciega: dominada por la pasión □ **cayó** < caer

los Concejales de la Alcaldía: los miembros del Ayuntamiento
encabezados por el Alcalde □ **se dirigió a**: habló directamente a

conmovedor: con mucha emoción □ **pidiendo** < pedir

procesaría: llevaría ante el Tribunal □ **según <u>dijo</u>**: eso dijo (< decir)

se atrevieron a arrestar: tuvieron el valor de detener

<u>fue</u> el Alcalde <u>quien</u> tomó: giro enfático

notificando: haciendo saber, significando

tremendo sol meridiano: el terrible calor de mediodía

del hogar: de la casa

polvorientas < polvo (tierra demasiado seca) □ **iba arrastrando sus
alas**: las alas iban tocando el suelo □ **talleres**: sitio donde se
trabaja en actividad manual

bromas obscenas le arrancaron las plumas. De los alones del ángel brotaba una sangre brillante y dolorosa.

Pera al llegar al puente, los muchachos del pueblo que allí estaban, se arrodillaron en línea llorando.

El ángel pasó levantando sobre sus cabezas su alón sangriento y uno por uno fueron cayendo muertos.

bromas: se ríen de él □ **le arrancaron:** le quitaron violentamente
□ **los alones:** las alas sin plumas □ **brotaba:** salía, manaba
al llegar: cuando llegaron

se arrodillaron: se pusieron (< ponerse) <u>de rodillas</u> □ **llorando:**
derramando lágrimas

sangriento: lleno de sangre (<u>la</u> sangre) □ **fueron cayendo** (ir + ger.):
cayeron sucesivamente

Grammaire au fil des nouvelles

Traduisez les phrases suivantes inspirées du texte (le premier chiffre renvoie aux pages, les suivants aux lignes) :

Il avait une expression *très sereine* **sur son visage sale** (verbe "avoir", superlatif absolu ; 42 - 8).

Cependant *personne ne pouvait dire* **l'âge qu'avait cet ange-là** (indéfini négatif + verbe, adj. démonstratif ; 44 - 4,5).

Il ne sortait jamais, *pas même le dimanche* **pour aller à la messe** (*ni siquiera* = *no* + verbe + *siquiera, ir a misa* ; 44 - 9).

Il salua d'un geste de ses mains sales les cordonniers, les tailleurs, les menuisiers (*a* devant personnes c.o.d. ; 44 - 24).

La maison *fut toujours* **la même** (*seguir siendo* ; 46 - 3).

Au lever du soleil, Jaime se réveillait. *En se réveillant,* **il trouvait l'ange à ses côtés** (*al* + inf. ; 46 - 21,22).

À l'ombre du jardin, Jaime voyait *se transformer en* **êtres vivants ses** *petits soldats* **de plomb** (*convertirse en* ; 46 - 23).

Mais l'ange pauvre *était si pauvre* **qu'il n'avait pas même de miracles** (*tan* + adj., *no* + verbe + *ni* = *ni siquiera* ; 48 - 3).

Il n'avait jamais ressuscité *aucun mort* (apocope ; 48 - 2).

On organisa des sociétés **pour prendre soin de l'ange** (traduction de "on" par la forme réfléchie ; 48 - 24).

Enfin, *on lui offrit même* **la charge de maire** (48 - 26,27).

L'ange entra *en souriant* **dans le bureau** (gérondif ; 50 - 3).

Je suis au bord de la faillite (emploi de *estar* ; 50 - 17).

C'est très avantageux (superlatif absolu ; 54 - 21).

Tue-moi **sous tes rosiers japonais, d'un seul coup d'aile** (enclise à l'impératif ; 56 - 16).

Don José *devint* **comme fou** (autre traduction de "devenir" ; 58 - 4).

Ce fut le maire **qui prit l'affaire en mains** (emphase ; 58 - 19).

Mais *en arrivant au pont,* **les garçons du village qui se trouvaient là, s'agenouillèrent** *en pleurant* (*al* + inf. ; 60 - 3).

Augusto Monterroso
(Guatemala)

MR. TAYLOR

Nace en 1921 en la capital de Guatemala.

Este autor aparece como un autodidacto que ejerció los oficios más variados en su juventud. A partir de 1944 vive en México y es diplomático durante unos diez años. Empieza a publicar novelas, cuentos, ensayos, traducciones. Luego es catedrático en la Universidad Autónoma de México.

De su narrativa se desprenden el gusto por la paradoja y el humorismo. Entre sus obras se pueden destacar "El concierto y el eclipse" que sale en 1952, "Uno de cada tres y el centenario" en 1954, en 1972 "Movimiento perpetuo", en 1978 "Lo demás es silencio",...

El cuento "Mr. Taylor" es un extracto de "Obras completas y otros cuentos" publicado en 1959. En esta obrita el héroe se encuentra sumergido por la lógica del comercio y del esnobismo llevados hasta sus últimas extremidades. El hecho de que se trate de un ciudadano de los Estados Unidos tiene obviamente señalada importancia para este autor centroamericano.

—Menos rara, aunque sin duda más ejemplar —dijo entonces el otro—, es la historia de Mr. Percy Taylor, cazador de cabezas en la selva amazónica.

Se sabe que en 1937 salió de Boston, Massachusetts, en donde había pulido su espíritu hasta el extremo de no tener un centavo. En 1944 aparece por primera vez en América del Sur, en la región del Amazonas, conviviendo con los indígenas de una tribu cuyo nombre no hace falta recordar.

10 Por sus ojeras y su aspecto famélico pronto llegó a ser conocido allí como "el gringo pobre", y los niños de la escuela hasta lo señalaban con el dedo y le tiraban piedras cuando pasaba con su barba brillante bajo el dorado sol tropical. Pero esto no afligía la humilde condición de Mr. Taylor porque había leído en el primer tomo de las *Obras Completas* de William G. Knight que si no se siente envidia de los ricos la pobreza no deshonra.

En pocas semanas los naturales se acostumbraron a él y a su ropa extravagante. Además, como tenía los ojos azules 20 y un vago acento extranjero, el Presidente y el Ministro de Relaciones Exteriores lo trataban con singular respeto, temerosos de provocar incidentes internacionales.

Tan pobre y mísero estaba, que cierto día se internó en la selva en busca de hierbas para alimentarse. Había caminado cosa de varios metros sin atreverse a volver el rostro, cuando por pura casualidad vio a través de la maleza dos ojos indígenas que lo observaban decididamente. Un largo estremecimiento recorrió la sensitiva espalda de Mr. Taylor. Pero Mr. Taylor, intrépido, arrostró el peligro y 30 siguió su camino silbando como si nada hubiera visto.

De un salto (que no hay para qué llamar felino) el nativo se le puso enfrente y exclamó:

rara : extraña □ **dijo** < decir (él)

cazador < cazar ; persona que va en busca de... □ **selva** : bosque extenso e inhóspito
había pulido : había educado □ **hasta el extremo de** : hasta el punto de □ **(no tener) un centavo** : quedarse sin dinero
el Amazonas : el río más ancho y uno de los más largos del mundo ; nace en <u>el</u> Perú y corre por <u>el</u> Brasil ⊘ **tribu <u>cuyo</u> nombre** : " cuyo " es relativo y determinante a la vez
ojeras < ojo ; aquí, señal de mala salud □ **llegó a ser conocido** : le conocieron □ **" el gringo "** : el estadounidense, y más generalmente el hombre rubio □ **<u>lo</u> señalaban** ≠ <u>le</u> tiraban piedras

afligía : entristecía □ **la humilde** ≠ la orgullosa
el primer <u>tomo</u>
si no se siente envidia : giro reflexivo que traduce una verdad general *(on)* ; sentir envidia = envidiar □ **deshonra** : aquí, degrada, envilece
los naturales : los indígenas
su ropa : su manera de vestirse

resp<u>e</u>to
temerosos de + inf. : porque no querían provocar
Tan...mísero estaba : tan miserable (en su apari<u>e</u>ncia) □ **se internó** : penetró
cosa de : algo así como □ **varios** ≠ pocos □ **volver el rostro** : mirar hacia atrás □ **por pura casualidad** : sin querer
decididamente : con decisión, resueltamente
Un largo estremecimiento recorrió... : un escalofrío corrió a lo largo de... □ **arrostró** : (< rostro) hizo frente a □ **peligro** : amenaza
siguió < seguir □ **como si** + imp. del subj.
no hay para qué : no hay ninguna razón para □ **el nativo** : el indígena □ **se le puso enfrente** : se puso enfrente de él

65

—*Buy head? Money, money.*

A pesar de que el inglés no podía ser peor, Mr. Taylor, algo indispuesto, sacó en claro que el indígena le ofrecía en venta una cabeza de hombre, curiosamente reducida, que traía en la mano.

Es innecesario decir que Mr. Taylor no estaba en capacidad de comprarla; pero como aparentó no comprender, el indio se sintió terriblemente disminuido por no hablar bien el inglés, y se la regaló, pidiéndole disculpas.

10 Grande fue el regocijo con que Mr. Taylor regresó a su choza. Esa noche, acostado boca arriba sobre la precaria estera de palma que le servía de lecho, interrumpido tan sólo por el zumbar de las moscas acaloradas que revoloteaban en torno haciéndose obscenamente el amor, Mr. Taylor contempló con deleite durante un buen rato su curiosa adquisición. El mayor goce estético lo extraía de contar, uno por uno, los pelos de la barba y el bigote, y de ver de frente el par de ojillos entre irónicos que parecían sonreírle agradecidos por aquella deferencia.

20 Hombre de vasta cultura, Mr. Taylor solía entregarse a la contemplación; pero esta vez en seguida se aburrió de sus reflexiones filosóficas y dispuso obsequiar la cabeza a un tío suyo, Mr. Rolston, residente en Nueva York, quien desde la más tierna infancia había revelado una fuerte inclinación por las manifestaciones culturales de los pueblos hispanoamericanos.

Pocos días después el tío de Mr. Taylor le pidió —previa indagación sobre el estado de su importante salud— que por favor lo complaciera con cinco más. Mr. Taylor accedió
30 gustoso al capricho de Mr. Rolston y —no se sabe de qué modo— a vuelta de correo "tenía mucho agrado en satisfacer sus deseos". Muy reconocido, Mr. Rolston le

A pesar de que: pese a que; aunque + ind. □ **peor** ≠ mejor
algo: un poco □ **sacó en claro**: entendió y ded<u>ujo</u> (< deducir)
reducida ≠ agrandada

Es innecesario decir: huelga decir ≠ cabe decir □ **no estaba en**
capacidad de: no tenía dinero para □ **aparentó no comprender**: se
hizo el desentendido;... hizo como si no comprend<u>iera</u>
<u>se la</u> **regaló**: se la ofreció ☑ **pidiéndole** < pedir □ **disculpa**: excusa
regocijo: alegría □ **regresó**: volvió
choza: aquí, cabaña □ **boca arriba**: *sur le dos*
estera de palma: tejido grueso hecho con hoja de palmera que sirve
de lecho (cama) □ **el zumbar**: sonido sordo □ **acaloradas** < calor
(amoroso) □ **revoloteaban** < volar: dando vueltas en poco espacio
con deleite: con placer □ **un buen rato**
mayor ≠ menor □ **goce**: deleite (l. 15) □ **de contar**: cuando contaba
bigote: pelos del labio superior
el par de ojillos: los dos ojos pequeños □ **entre**: aquí, como
son<u>reírle</u> □ **agradecidos**: con gratitud
solía entregarse: soler + inf., expresa la costumbre; acostumbraba
dedicarse □ **en seguida**: rápidamente □ **se aburrió**: aquí, se cansó
disp<u>uso</u> obsequiar: decidió ofrecer □ **un tío <u>suyo</u>** (= de él)

la más tierna infancia: la niñez más precoz
los pueblos: aquí, las naciones

le p<u>idió</u> < pedir (≠ preguntar) □ **previa indagación**: después de
haberse informado □ **salud** (buena o mala)
lo complaciera con: le hiciera el placer de enviarle
gustoso: con mucho gusto, contento □ **no se sabe de qu<u>é</u> modo**:
nadie sabe c<u>ó</u>mo □ **agrado**: gusto, placer
reconocido ≠ ingrato

solicitó otras diez. Mr. Taylor se sintió "halagadísimo de poder servirlo". Pero cuando pasado un mes aquél le rogó el envío de veinte, Mr. Taylor, hombre rudo y barbado pero de refinada sensibilidad artística, tuvo el presentimiento de que el hermano de su madre estaba haciendo negocio con ellas.

Bueno, si lo quieren saber, así era. Con toda franqueza, Mr. Rolston se lo dio a entender en una inspirada carta cuyos términos resueltamente comerciales hicieron vibrar como nunca las cuerdas del sensible espíritu de Mr. Taylor.

De inmediato concertaron una sociedad en la que Mr. Taylor se comprometía a obtener y remitir cabezas humanas reducidas en escala industrial, en tanto que Mr. Rolston las vendería lo mejor que pudiera en su país.

Los primeros días hubo algunas molestas dificultades con ciertos tipos del lugar. Pero Mr. Taylor, que en Boston había logrado las mejores notas con un ensayo sobre Joseph Henry Silliman, se reveló como político y obtuvo de las autoridades no sólo el permiso necesario para exportar, sino, además, una concesión exclusiva por noventa y nueve años. Escaso trabajo le costó convencer al guerrero Ejecutivo y a los brujos Legislativos de que aquel paso patriótico enriquecería en corto tiempo a la comunidad, y de que luego luego estarían todos los sedientos aborígenes y en posibilidad de beber (cada vez que hicieran una pausa en la recolección de cabezas) de beber un refresco bien frío, cuya fórmula mágica él mismo proporcionaría.

Cuando los miembros de la Cámara, después de un breve pero luminoso esfuerzo intelectual, se dieron cuenta de tales ventajas, sintieron hervir su amor a la patria y en tres días

otras diez = diez más ☑ **se sintió** < sentirse ☐ **halagadísimo** : muy gustoso (66, 30) ☐ **pasado un mes** : al cabo de un mes. ☐ **le rogó el envío** : le encargó ; le pidió que le enviara ☐ **barbado** : con barba refinada < fina ☑ **tuvo** < tener

el hermano de su madre : su tío ☐ **haciendo negocio** : ganando dinero

si (ustedes) lo quieren saber ☐ **así era** : era verdad
se lo dio a entender : se lo hizo comprender ☑ **carta** ≠ letra
cuyos términos : " cuyo " es relativo y tiene papel de artículo
nunca ≠ siempre

De inmediato : inmediatamente ☐ **concertaron** : se pusieron de acuerdo para crear ☐ **se comprometía** : se obligaba ☐ **remitir** : enviar, mandar ☐ **en escala** : a nivel ☐ **en tanto que** : mientras
mejor ≠ peor ☑ **pudiera** : aquí, el imp. del subj. traduce la eventualidad (condicional en francés) ☐ **hubo** < hay ☐ **molestas** : desagradables ☐ **tipos del lugar** : indígenas
logrado : obtenido ☐ **ensayo** : estudio
se reveló como político : se mostró hábil ☐ **obtuvo** < obtener
no sólo...(sino, además) : obtuvo el permiso y también una concesión
...le costó : no le fue difícil ☐ **guerrero (Ejecutivo)** : hombre de guerra con función de mando (humorismo) ☐ **brujos...** : tienen poderes mágicos y hacen las " leyes " ☐ **enriquecería** < rico
luego : en seguida ☐ **sedientos** : con sed ≠ hambre ☑ **aborígenes** : indígenas ☑ **hicieran** < hacer
recolección > recolectar = recoger ☐ **de beber** : se repite el discurso interrumpido por el paréntesis ☑ **cuya** (68, 9) ☐ **proporcionaría** : daría ☐ **Cámara** : (irónico) la Asamblea tribal
se dieron cuenta < darse cuenta ; se percataron
ventajas : aquí, beneficios ☑ **sintieron hervir su amor** : sintieron un

promulgaron un decreto exigiendo al pueblo que acelerara la produción de cabezas reducidas.

Contados meses más tarde, en el país de Mr. Taylor las cabezas alcanzaron aquella popularidad que todos recordamos. Al principio eran privilegio de las familias más pudientes; pero la democracia es la democracia y, nadie lo va a negar, en cuestión de semanas pudieron adquirirlas hasta los mismos maestros de escuela.

Un hogar sin su correspondiente cabeza teníase por un
10 hogar fracasado. Pronto vinieron los coleccionistas y, con ellos, las contradicciones: poseer diecisiete cabezas llegó a ser considerado de mal gusto; pero era distinguido tener once. Se vulgarizaron tanto que los verdaderos elegantes fueron perdiendo interés y ya sólo por excepción adquirían alguna, si presentaba cualquier particularidad que la salvara de lo vulgar. Una, muy rara, con bigotes prusianos, que perteneciera en vida a un general bastante condecorado, fue obsequiada al Instituto Danfeller, el que a su vez donó, como de rayo, tres y medio millones de dólares para
20 impulsar el desenvolvimiento de aquella manifestación cultural, tan excitante, de los pueblos hispanoamericanos.

Mientras tanto, la tribu había progresado en tal forma que ya contaba con una veredita alrededor del Palacio Legislativo. Por esa alegre veredita paseaban los domingos y el Día de la Independencia los miembros del Congreso, carraspeando, luciendo sus plumas muy serios, riéndose, en las bicicletas que les había obsequiado la Compañía.

Pero ¿qué quieren? No todos los tiempos son buenos.
30 Cuando menos lo esperaban se presentó la primera escasez de cabezas.

Entonces comenzó lo más alegre de la fiesta.

amor ardiente □ **exigiendo al** = del □ que acele**rara** : exigir que +
subj. (aquí, subjuntivo imperfecto por concordancia de tiempos)
Contados meses más tarde : pocos meses después
alcanzaron : obtuvieron □ **aquella** : demostrativo que supone a la
vez distancia temporal y, aquí, énfasis □ **las familias más pudientes** :
(más poderosas) no se repite el artículo con el superlativo □ **(lo)
va a negar** : va a negarlo : ir + a + inf.
hasta los mismos maestros : hasta los... = los mismos...pleonasmo
con valor de insistencia □ **hogar** : familia □ **teníase por** : (arcaísmo)
era considerado como □ **fracasado** < fracasar ≠ triunfar ; tener
éxito □ **llegó a ser** : hasta fue
de mal gusto □ **era distinguido tener** : giro impersonal + inf.
Se vulgarizaron : se hicieron populares □ **verdaderos** : auténticos
fueron perdiendo interés : poco a poco se desinteresaron

(la) salvara de lo vulgar : se refiere a cabezas poco corrientes
que perteneciera : que había pertenecido □ **condecorado** <
condecoración □ **obsequiada** : ofrecida, regalada
donó < donación □ **como de rayo** : en el acto
impulsar el desenvolvimiento : facilitar la extensión

Mientras tanto : en el mismo tiempo
veredita : aquí (A.L.), acera (para los peatones)
alegre ≠ triste □ **paseaban los domingos** : iban de paseo cada
domingo (por placer)
carraspeando : tosiendo con poca discreción □ **luciendo sus plumas** :
estos indios exhiben sus plumas como los pavos reales
¿ Qué quieren ? : ¿ qué le vamos a hacer ? □ **No...son buenos** =... no
son buenos □ **escasez** : penuria

Entonces : a partir de ahí □ **lo más** + adj. : el aspecto más...

Las meras defunciones resultaron ya insuficientes. El Ministro de Salud Pública se sintió sincero, y una noche caliginosa, con la luz apagada, después de acariciarle un ratito el pecho como por no dejar, le confesó a su mujer que se consideraba incapaz de elevar la mortalidad a un nivel grato a los intereses de la Compañía, a lo que ella le contestó que no se preocupara, que ya vería cómo todo iba a salir bien, y que mejor se durmieran.

Para compensar esa deficiencia administrativa fue
10 indispensable tomar medidas heroicas y se estableció la pena de muerte en forma rigurosa.

Los juristas se consultaron unos a otros y elevaron a la categoría de delito, penado con la horca o el fusilamiento, según su gravedad, hasta la falta más nimia.

Incluso las simples equivocaciones pasaron a ser hechos delictuosos. Ejemplo: si en una conversación banal, alguien, por puro descuido, decía: "Hace mucho calor", y posteriormente podía comprobársele, termómetro en mano, que en realidad el calor no era para tanto, se le
20 cobraba un pequeño impuesto y era pasado ahí mismo por las armas, correspondiendo la cabeza a la Compañía y, justo es decirlo, el tronco y las extremidades a los dolientes.

La legislación sobre las enfermedades ganó inmediata resonancia y fue muy comentada por el Cuerpo Diplomático y por las Cancillerías de potencias amigas.

De acuerdo con esa memorable legislación, a los enfermos graves se les concedían veinticuatro horas para poner en orden sus papeles y morirse; pero si en este tiempo tenían
30 suerte y lograban contagiar a la familia, obtenían tantos plazos de un mes como parientes fueran contaminados. Las víctimas de enfermedades leves y los simplemente indis-

Las meras defunciones: las simples muertes naturales □ **ya**: a partir de ese momento

caliginosa: nebulosa y oscura □ **apagada** ≠ encendida □
acariciarle < caricia □ **rat<u>it</u>o**: momen<u>tit</u>o □ **pecho**: senos □ **como por no dejar**: como por costumbre

grato: agradable □ **intereses** < interés □ **a lo que**: cosa a la que **no se preocup<u>a</u>ra** □ **ya vería**: bien vería □ **iba <u>a</u> salir que mejor se d<u>u</u>rmieran**: mejor valía que... ; era mejor que...

tomar: adoptar □ **her<u>oi</u>cas** ≠ her<u>oí</u>smo □ **se estableció**: forma reflexiva que traduce el giro impersonal □ **rigurosa** < rigor

penado < pena: castigado □ **horca**: se le pasa al condenado una soga (cuerda) al cuello □ **hasta**: incluso □ **nimia**: insignificante **equivocaciones**: errores □ **pasaron a ser hechos**: se volvieron casos (pasar a ser: transformación) □ **delictuosos** < delito
descuido: aquí, inadvertencia
podía comprobárse<u>le</u>: podían aportarle la prueba
no era para tanto: no era excesivo □ **se le cobraba**: tenía que pagar **ahí mismo**: en el acto
correspondiendo la cabeza a: afectaban la cabeza a
justo es decirlo: cabe decirlo; conviene decirlo
dolientes: aquí alude a los familiares
enfermedades > estar enfermo = estar malo

las Cancillerías: aquí, las Embajadas □ **potencias**: estados
De acuerdo con: en conformidad con; según
se les concedían: traduce el impersonal
morirse (intención satírica: s. e. por voluntad propia) □ **este tiempo**: las veinticuatro horas □ **lograban**: conseguían
(tantos) plazos...<u>como</u>: prórrogas ⊠ **parientes** ≠ padres; familiares **leves**: ligeras; nimias (l. 14)

73

puestos merecían el desprecio de la patria y, en la calle, cualquiera podía escupirles el rostro. Por primera vez en la historia fue reconocida la importancia de los médicos (hubo varios candidatos al premio Nobel) que no curaban a nadie. Fallecer se convirtió en ejemplo del más exaltado patriotismo, no sólo en el orden nacional, sino en el más glorioso, en el continental.

Con el empuje que alcanzaron otras industrias subsidiarias (la de ataúdes, en primer término, que floreció, con la
10 asistencia técnica de la Compañía) el país entró, como se dice, en un período de gran auge económico. Este impulso fue particularmente comprobable en una nueva veredita florida, por la que paseaban, envueltas en la melancolía de las doradas tardes de otoño, las señoras de los diputados, cuyas lindas cabecitas decían que sí, que sí, que todo estaba bien, cuando algún periodista solícito, desde el otro lado, las saludaba sonriente sacándose el sombrero.

Al margen recordaré que uno de estos periodistas, quien en cierta ocasión emitió un lluvioso estornudo que no pudo
20 justificar, fue acusado de extremista y llevado al paredón de fusilamiento. Sólo después de su abnegado fin los académicos de la lengua reconocieron que ese periodista era una de las más grandes cabezas del país; pero una vez reducida quedó tan bien que ni siquiera se notaba la diferencia.

¿Y Mr. Taylor? Para ese tiempo ya había sido designado consejero particular del Presidente Constitucional. Ahora, y como ejemplo de lo que puede el esfuerzo individual, contaba los miles por miles; mas esto no le quitaba el sueño
30 porque había leído en el último tomo de las *Obras Completas* de William G. Knight que ser millonario no deshonra si no se desprecia a los pobres.

desprecio ≠ consideración, respeto

cualquiera: *n'importe qui* □ **escupirles el rostro**: traduce el desprecio (l. 1) ☒ **hubo**: pretérito de hay

no curaban a nadie: sus enfermos no sanaban (< sano), no recobraban la salud □ **fallecer**: morir □ **se convirtió en**: pasó a ser (73, 15) ☒ **no sólo...sino** (68, 20) ☒ **el orden**: aquí, el nivel (≠ la orden)

empuje < empujar; desarrollo, crecimiento □ **alcanzaron**: aquí conocieron □ **ataúdes**: donde depositan a los muertos □ **en primer término**: principalmente

auge: expansión □ **impulso**: empuje (l. 8)

comprobable: verificable □ **veredita florida**: espacio con flores reservado a los peatones (70, 24) □ **envueltas** < envolver; la melancolía forma como un velo

cuyas...cabecitas: el diminutivo marca la belleza (**lindas**) y la fragilidad □ **algún**: uno que otro □ **solícito**: cortés

sonriente: con una sonrisa □ **sacándose**: quitándose

lluvioso < lluvia: aquí se refiere a un **estornudo** *(éternuement)* particularmente húmedo □ **paredón** < pared; muro

abnegado fin: alude a su sacrificio en interés de la comunidad

periodista < periódicos; diarios

quedó tan bien: tuvo tan buena apariencia □ **ni siquiera se notaba** = no se notaba siquiera; hasta no se notaba

Para ese tiempo: en esa época

consejero < consejo > aconsejar

...los miles por miles: tenía mucho dinero □ **mas** = pero (≠ más) □ **... el sueño**: pero esto no le impedía dormir

ser millonario: tener millones

si no se desprecia (l. 1): con tal que se respete

75

Creo que con ésta será la segunda vez que diga que no todos los tiempos son buenos.

Dada la prosperidad del negocio llegó un momento en que del vecindario sólo iban quedando ya las autoridades y sus señoras y los periodistas y sus señoras. Sin mucho esfuerzo, el cerebro de Mr. Taylor discurrió que el único remedio posible era fomentar la guerra con las tribus vecinas. ¿Por qué no? El progreso.

Con la ayuda de unos cañoncitos, la primera tribu fue
10 limpiamente descabezada en escasos tres meses. Mr. Taylor saboreó la gloria de extender sus dominios. Luego vino la segunda; después la tercera y la cuarta y la quinta. El progreso se extendió con tanta rapidez que llegó la hora en que, por más esfuerzos que realizaron los técnicos, no fue posible encontrar tribus vecinas a quienes hacer la guerra.

Fue el principio del fin.

Las veredítas empezaron a languidecer. Sólo de vez en cuando se veía transitar por ellas a alguna señora, a algún
20 poeta laureado con su libro bajo el brazo. La maleza, de nuevo, se apoderó de las dos, haciendo difícil y espinoso el delicado paso de las damas. Con las cabezas, escasearon las bicicletas y casi desaparecieron del todo los alegres saludos optimistas.

El fabricante de ataúdes estaba más triste y fúnebre que nunca. Y todos sentían como si acabaran de recordar de un grato sueño, de ese sueño formidable en que tú te encuentras una bolsa repleta de monedas de oro y la pones debajo de la almohada y sigues durmiendo y al día siguiente
30 muy temprano, al despertar, la buscas y te hallas con el vacío.

Sin embargo, penosamente, el negocio seguía sostenién-

ésta: pronombre demostrativo; esta vez □ **diga** < decir (S.P.)
(no) todos los tiempos son buenos: ...no son siempre buenos
Dada: aquí, en razón de
vecindario: conjunto de todos los vecinos (habitantes) □ **sólo** (≠ solo) **iban quedando ya**: (el pueblo se despoblaba) no quedaban más que □ **cerebro**: centro de la inteligencia □ **discurrió**: pensó
fomentar: provocar

Con la ayuda de: gracias a □ **cañoncitos**: diminutivo con valor irónico □ **descabezada** < sin cabeza □ **en escasos**: en apenas
saboreó < el sabor □ **dominios**: posesiones □ **Luego**: después
...cuarta (4ª) y la quinta (5ª): s. e. tribu
tanta rapidez: tan rápidamente □ **la hora**: el momento
por más esfuerzos que: por muchos esfuerzos que; locución concesiva (a pesar de los esfuerzos que) □ **vecinas**: cercanas

Fue: giro impersonal □ **principio** ≠ fin
vereditas: (70, 24) □ **languidecer** < languidez ≠ vigor □ **de vez en cuando**: alguna que otra vez, a veces □ **transitar**: pasar
laureado: aquí famoso, celebrado □ **maleza**: hierbas malas
se apoderó de...: ocupó las dos vereditas □ **haciendo...espinoso el paso**: la maleza complicaba el paso □ **escasearon**: faltaron ≠ abundaron ∅ **del todo**: completamente

estaba más triste que nunca: estaba triste como nunca
como si acabaran ∅ **recordar de**: la preposición es aquí una licencia gramatical = acordarse de □ **grato**: agradable □ **tú**: 2ª pers. que equivale a un impersonal = "uno" □ **repleta**: llena
almohada: *oreiller* ∅ **sigues durmiendo**: seguir + ger., expresa la continuidad □ **al despertar**: cuando despiertas □ **hallas**: encuentras □ **el vacío**: nada
penosamente: difícilmente □ **seguía sosteniéndose**: resistía

77

dose. Pero ya se dormía con dificultad, por el temor a amanecer exportado.

En la patria de Mr. Taylor, por supuesto, la demanda era cada vez mayor. Diariamente aparecían nuevos inventos, pero en el fondo nadie creía en ellos y todos exigían las cabecitas hispanoamericanas.

Fue para la última crisis. Mr. Rolston, desesperado, pedía y pedía más cabezas. A pesar de que las acciones de la Compañía sufrieron un brusco descenso, Mr. Rolston estaba convencido de que su sobrino haría algo que lo sacara de aquella situación.

Los embarques, antes diarios, disminuyeron a uno por mes, ya con cualquier cosa, con cabezas de niño, de señoras, de diputados.

De repente cesaron del todo.

Un viernes áspero y gris, de vuelta de la Bolsa, aturdido aún por la gritería y por el lamentable espectáculo de pánico que daban sus amigos, Mr. Rolston se decidió a saltar por la ventana (en vez de usar el revólver, cuyo ruido lo hubiera llenado de terror) cuando al abrir un paquete del correo se encontró con la cabecita de Mr. Taylor, que le sonreía desde lejos, desde el fiero Amazonas, con una sonrisa falsa de niño que parecía decir: "Perdón, perdón, no lo vuelvo a hacer."

ya se dormía: en ese momento la gente dormía □ **temor**: miedo
amanecer: despertar a la mañana siguiente □ **exportado**: (la
cabeza) □ **por supuesto**: claro
mayor: superlativo de grande □ **Diariamente**: cada día □ **inventos**:
invenciones □ **nadie creía <u>en</u>** = no creía nadie en
cab<u>ecit</u>as: las cabezas reducidas

pedía: exigía (≠ preguntar) □ **A pesar de que**: pese a que
descenso ≠ ascenso
sobrino: el hijo de su hermano o hermana ☑ **haría** < hacer
(que lo) sa<u>cara</u> de: que le permitiera salir de...
embarque: las expediciones de la mercancía ☑ **disminu<u>yeron</u>** <
disminuir □ **ya**: ahora □ **cualquier_cosa**

De repente: de golpe; súbitamente ☑ **del todo**: completamente
áspero ≠ suave □ **de vuelta de**: al volver de □ **aturdido aún**:
todavía embrutecido, atontado □ **la gritería**: los gritos, las voces

en vez de: en lugar de ☑ **usar**: utilizar □ **cu<u>yo</u> ruido**: el ruido del
revólver □ **llenado de terror**: aterrorizado □ **al + inf.**: traduce una
simultaneidad entre varias acciones □ **sonreía** < sonreír < reír
el fiero Amazonas: la salvaje y selvática región regada por el río
Amazonas □ **no lo vuelvo a hacer**: ya no lo haré; no lo haré otra
vez

Grammaire au fil des nouvelles

Traduisez les phrases suivantes inspirées du texte (le premier chiffre renvoie aux pages, les suivants aux lignes) :

On sait qu'il quitta Boston en 1937 ("on" ; 64 - 4).

Les indigènes d'une tribu *dont* il n'est pas besoin de rappeler le nom (traduction de "dont" ; 64 - 8).

Les enfants de l'école *le* montraient même du doigt et *lui* jetaient des pierres (pronoms directs et indirects ; 64 - 12).

Il continua son chemin *en sifflant comme s'il n'avait rien vu* (gérondif, *como si* + subj. plus-que-parfait ; 64 - 30).

Il *la lui* offrit *tout en lui présentant* ses excuses (place du pronom complément ; 66 - 9).

Homme de vaste culture, Mr. Taylor *avait pour habitude de s'adonner à la contemplation* (*soler* + inf. ; 66 - 20).

Mr. Taylor *se sentit "très flatté* de pouvoir le servir" (prétérit de *sentirse*, le superlatif, l'enclise ; 68 - 1,2).

Mr. Rolston les vendrait *du mieux* qu'il le pourrait (68 - 15).

Au début, elles étaient le privilège *des familles les plus puissantes* ("être" ; 70 - 5).

Les simples décès s'avérèrent insuffisants (72 - 1).

N'importe qui pouvait leur cracher au visage (enclise ; 74 - 2).

Décéder *devint* l'exemple du *patriotisme le plus exalté* (traduction de "devenir" ; 74 - 5).

Être millionnaire n'est pas déshonorant si *l'on ne méprise pas les pauvres* (*a* devant les personnes C.O.D. ; 74 - 32).

Ce fut le début de la fin (forme impersonnelle ; 76 - 17).

Évidemment, dans la patrie de Mr. Taylor, la demande était *de plus en plus forte* ("de plus en plus" ; 76 - 3).

À l'aide de *quelques petits canons*, la première tribu fut proprement décapitée *en trois mois à peine* (valeur ironique du diminutif, adverbe ; 76, 9 et 10).

Ricardo Güiraldes

(Argentina)

ESTA NOCHE,
NOCHEBUENA...

Nace en Buenos Aires (Argentina) en 1886 y muere en París en 1927.

Es hijo de una gran familia, influyente al nivel político y cultural. No hace estudios notables, su formación se debe más bien a sus innumerables lecturas y a los viajes frecuentes y largos que le permite su posición social. En particular, reside en París varias veces y se relaciona con su mundo artístico. También viaja a Rusia y a la India.

A pesar de su cosmopolitismo, su obra se centra más bien en una temática argentina. Es autor de cuentos como los que figuran en "Cuentos de muerte y de sangre" o como "Rosaura" publicado en una revista dirigida por Horacio Quiroga. En este dominio su novela de mayor alcance resulta ser "Don Segundo Sombra", publicada en 1926.

"Esta noche, Nochebuena" se inscribe en este mundo de la Pampa, con su vida tradicional, su gente, su religiosidad supersticiosa. Estos elementos le permiten lindar con el género fantástico al contar un incidente raro.

Pensaba laboriosamente, penetrado por la cargazón atormentada del aire.

Al llegar a la tranquera, donde como de costumbre cruzaría los brazos para desconsolarme hacia las tristezas de la seca, dejé mi mano resbalar por la lisa madera humedecida de bruma. Una gota cayó dura y fresca sobre mi muñeca, y el trueno rodó como una sucesión de rotundas esferas sonoras cayendo allá.

Engaños conocidos, tormentas de verano que pasan
10 irresolutas a pesar de las cábulas con que se les pretende atraer : dejar descubierta la parva, no entrar el coche, y si alguien habla de lluvia, echarse el chambergo a la nuca y reír incrédulamente.

No hice caso, pues, de aquella gota, caída posiblemente por equivocación, en lugar tan poco frecuentado por sus similares, y recordé el día memorable comenzado sin anuncios de cohetes, ni dianas, pero memorable a pesar de todo. Era 24 de diciembre, por gracia de Dios, y según indicación de los almanaques; el día de
20 mañana sería Navidad durante todo el día.

— ¡Mal haya tiempo bruto !... ¡Tiófilo ! atá el surqui y acomodate, que vamos al pueblo.

Cuando subí al escaso asiento, la tormenta había pasado, a pesar de lo de la parva, y afligido de mi cotidiano malhumor, detallé por centésima vez la congoja de los campos yermos.

Los animales aparecían enormes y demasiado numerosos, producíanse mirajes con frecuencia, apartando un trozo de horizonte o colgando un puesto lejano en el
30 aire.

Creyérase ver correr el viento sobre las lomas : tanto reverberaba el sol en fugaces ondas vibratorias, simu-

laboriosamente < <u>la</u> labor □ **cargazón**: el sufijo -zón es aumentativo □ **atormentada** < tormenta

Al llegar = cuando llegué □ **tranquera**: *palissade*

desconsolarme: desesperarme ≠ alegrarme □ **hacia**: aquí, por

seca = sequía, cuando no llueve □ **resbalar**: ir suavemente

humedecida < húmedo □ **cayó** < caer

muñeca: unión de la mano y del brazo □ **trueno**: ruido producido por el rayo cuando hay tormenta □ **rotundas**: aquí, precisas □ **engaños**: ilusiones

a pesar de = pese a □ **cábulas**: (A.L.), astucias

parva: montón de cereales maduras

chambergo: sombrero

no hice caso: no presté atención, no me preocupé

equivocación: error □ **lugar**: sitio

recordé el < rec<u>o</u>rdar = me acordé del: ac<u>o</u>rdarse de

sin anuncio de cohete: sin ruido

el día de mañana: el día siguiente

¡Mal haya...!: ¡Maldito sea...! □ **atá**: (Arg.), ata □ **surqui**: (A.L.) carro □ **acomodate**: (Arg.) prepárate, instálate

subí ≠ bajé □ **escaso**: aquí, pequeño □ **tormenta**: (l. 2)

lo de...: el detalle de...

décima... **centésima...** milésima...

congoja: pena, angustia □ **yermos**: esteriles

demasiado: aquí es adverbio pero puede ser adjetivo

producíanse: (literario) = se producían □ **apartando**: separando

colgando: suspendiendo

Creyérase: (lit.) se hubiera creído □ **lomas**: colinas

fugaces < fugaz

lando estremecimientos de no sé qué dolor pampeano. Remolinos de polvo disparaban en pequeñas trombas por el campo ardido y si acertaban a pasar entre las casas, haciendo gesticular risiblemente las ropas colgadas, barajando hojas y gajos con rumor de ráfaga dañina, viejas y chinas se santiguaban musitando temblorosas: *Cruz, diablo*, para acorazarse contra las influencias del maligno.

Igual a los demás, este día memorable e incognoscible
10 entre los otros, a no ser la certeza de los almanaques infantiles: ¡24 de diciembre! Quien no supiera la fecha ignoraría de seguro que aquella noche habría "Misa de Gallo" a las doce (medianoche en punto) para celebrar el acontecimiento más cristiano de nuestra Era.

Así pensando, destartaladamente llegué a las primeras casas del pueblo. Ya era hora: la sombra de nuestro carruaje temblequeaba muy larga, ridiculizándonos en un estiramiento desmedido; endurecíanse luminosas las fachadas de los edificios esclarecidos del sol poniente; a
20 nuestras espaldas, el astro se degollaba contra el filo del horizonte con grandes charcos de carneada...

Miré el reloj. Tenía justo el tiempo para comer en la fonda e ir luego a lo de mi resero Priciano Barragán, que ya con anticipo, me invitaba a rezar un rosario en su rancho esa noche memorable de Navidad.

La oscuridad nocturna sólo lograba apesadumbrar el calor insoportable.

Habíase vuelto a formar la dichosa tormenta convertida en perpetua amenaza irrealizada, y sólo por el
30 compromiso contraído no seguí el callejón hasta la estancia, y me detuve, tras un ligero desvío, en lo del viejo Priciano.

estremecimientos: leves temblores ☐ **pampeano**: de la Pampa
Remolinos: torbellinos ☐ **disparaban**: surgían de pronto
ardido: aquí, quemado ☐ **si acertaban a**: si conseguían; si
lograban ☐ **las ropas colgadas**: las prendas de vestir que
estaban secando ☐ **barajando**: mezclando ☐ **gajos**: aquí, ramas
dañina: nociva ☐ **china**: (Arg.), mujer del pueblo ☐ **se
santiguaban musitando**: hacían la señal de la cruz hablando en
voz baja ☐ **acorazarse** < coraza: se dan fuerzas para
protegerse ☐ **demás**: otros ☒ **e incognoscible** < lat. cognosco,
is, ere: conocer; no se distingue de los demás ☐ **a no ser la
certeza**: excepto por la seguridad ☐ **Quien no supiera...**:
(< S. I. de saber); aquel que... ☐ **de seguro**: sin ninguna duda

el acontecimiento más cristiano: el episodio...
Así pensando: mientras estaba pensando en eso ☐ **destartaladamente**: con apariencia desarreglada por el polvo y el viento
carruaje: carreta ☐ **temblequeaba**: temblaba ☒ **larga** ≠ corta
desmedido: desproporcionado ☐ **endurecíanse**: (lit.; p. 83, l. 28)
sol poniente: crepúsculo, ocaso ☐ **a nuestras espaldas**: detrás de
nosotros ☐ **se degollaba**: el horizonte parece cortar el sol cual
un cuchillo **(filo)** ☐ **charcos de carneada**: (imagen) la luz roja
del sol poniente se extiende como la sangre
☒ **e ir a lo**: a casa de ☐ **resero**: se ocupa de las reses (animales
como vacas o bueyes) ☐ **con anticipo** ≠ con retraso
rancho: (A.L.) casa humilde de campesino
apesadumbrar: entristecer

Habíase vuelto a formar: se había formado de nuevo ☐ **dichosa**
aquí se aplica a algo que molesta ☐ **perpetua**: eterna
compromiso...: mi promesa me obligaba a ir ☐ **callejón**: calle
muy estrecha ☐ **estancia**: (Arg.) propiedad ganadera ☐ **me
detuve** < detenerse; me paré ☐ **lo de**: s. e. el rancho de

Saludé con recato, no queriendo, como un moscardón grosero, romper la telaraña hecha para atrapar bichos más pequeños.

Las almas parecían estarse entretejiendo en vuelos, mientras los labios agitados por frases sacras se removían como ostras atacadas de limón.

Estaba la vieja Graciana, madre de mi tropero; Elisea y Goya, sus hermanas; Prosperina, su mujer; Mamerto, Rosaura y Numa, sus entenados; tres visitas para mí
10 desconocidas, y la negra Ufrasia, más popular en el pueblo que el reloj del campanario.

Todos me entregaron gravemente sus manos fofas y frías, como sapos desmayados.

Busqué un lugar donde espaldarme, con desconfianza de jabalí, y me le aparié al dueño de casa, con un banquito petiso apoyado contra el muro de barro cuyo blanqueo se desprendía en grandes cachos.

Recién pude mirar, sin ser objeto de observación, el centro de aquella ingenua y devota escena campera.
20 Un Niño Jesús de cera, apenas coloreada, volvíase transparente a la luz de seis amarillentas velas de sebo, colocadas en la orilla de la mesa. Alrededor de la imagen santa, amontonábanse sin curiosidad una vaca de palo, diminuta, una lanuda oveja de juguete y un enorme burro de celuloide, que no me era desconocido.

Aquel acomodo tan sin artimañas, en el cual sólo los símbolos tenían valor, me produjo una de esas piadosas emociones de ternura excesiva.
30 Entretanto el silencio era el silencio.

Ufrasia inició un Ave. Obedecimos, porque así lo mandaban las ya divinas manitas del Niño Dios,

recato: discreción ☐ **moscard<u>ó</u>n**: mosca de gran tamaño

telaraña < tela de la araña ☐ **bichos**: aquí, insectos

estarse entretejiendo: parecía que estaban entrelazándose

mientras (≠ mientras que) ☐ **sacras** = sagradas

(se) removían: estaban animados ☐ **ostra**: molusco

tropero: (A.L.) se ocupa de las reses, aquí vaquero (p. 84, l. 23)

entenados: (lat.: ante natus) hijastros; su mujer ya tenía hijos antes

campanario: torre de la iglesia donde está la campana

me entregaron: me dieron ☐ **fofas**: blandas, sin consistencia

sapo: batracio parecido a la rana ☐ **desmayado**: sin conocimiento ☐ **espaldarme**: poner la espalda

jabalí: especie de cerdo (cochino) salvaje ☐ **me le aparié...**: me senté como ☐ **petiso**: (A.L.) pequeño ☐ **barro**: tierra seca

blanqueo < blanco: la cal que cubre las paredes ☐ **cachos**: pedazos, partes ☐ **Recién**: sólo entonces (A.L.) ☐ **p<u>u</u>de** < poder ☐ **campera**: del campo, rústica

cera: *la cire* ☐ **apenas coloreada**: que casi no tenía colores

amarillentas: de un amarillo pálido ☐ **velas de sebo**: para dar luz, bujías hechas con grasa de animal ☐ **colocadas**: puestas (< poner) ☒ **imagen**: estatua ☐ **amontonábanse sin curiosidad**: se acumulaban sin cuidado, sin orden ☐ **lanuda** < lana

burro: animal del belén, con la vaca y la oveja

acomodo: disposición ☐ **sin artimañas**: sin artificio, cándido

<u>el</u> valor ☒ **prod<u>u</u>jo** < producir ☐ **piadosas**: de inspiración religiosa ☐ **ternura**: dulzura

Entretanto: mientras tanto

inició: comenzó ☐ **un Ave** (María)

mandaban: ordenaban ☐ **man<u>itas</u>**: diminutivo cariñoso

tendidas en un ruego hacia allá arriba, arriba, arriba. Después dijimos tres veces el Pater, y la negra pronunció una oración para el caso especial festejado esa noche.

Tregua y silencio y contemplaciones, y almas que oran y labios que cuchichean.

Estaba yo muy cansado, y un sueño plomizo se me colgaba de los párpados, sin que pudiera disimular la expresión bovina que me adivinaba.

¿Cuánto tiempo pasó así?

10 Don Priciano roncaba a cabezazo limpio; la viejita Graciana sesteaba de *a puchos* con sobresaltadas incorporaciones; de la maciza Elisea casi veíase la nuca: tan agachada se desvencijaba hacia el medio de sus rodillas apartadas; Goya, reclinada en el muro, abría tamaña boca; los demás luchaban con coraje, haciendo de cuando en cuando resonar las cuentas de sus rosarios colgantes de las muñecas, y la negra oraba siempre con menudo chisporroteo de labios habituados al rezo.

Traté de eliminarme en lo oscuro para no pelear más
20 contra el sueño todopoderoso, cuando un fláccido acompañamiento de pies descalzos me obligó a mirar hacia la puerta.

Las brasas del fogón anochecían bajo la ceniza.

— ¡Un escuerzo!

Casi hablé fuerte; pero reprimí la exclamación sorprendido por los ojos pasmados de Ufrasia, que me hacía señas de callar. Por no sé qué extraña coincidencia, también los demás despertaron, y abismados por una común adivinación de algo extraordinario, permane-
30 cimos inmóviles.

La inmunda bestia viscosa, de panza purulenta y lomo intensamente coloreado en redondeles violetas y vetas

ruego: oración, acto de fervor religioso □ **allá arriba**: el cielo

<u>**dijimos**</u> < decir □ **la negra** (Eufrasia)

festejado: celebrado

Tregua: pausa □ **oran** = rezan

cuchichean: susurran

cansado: fatigado □ **plomizo** = de plomo (metal)

se me colgaba de los párpados: me pesaban los párpados, se me cerraban los ojos de puro sueño □ **me adivinaba**: yo (me)

...a cabezazo limpio: acompaña el ronquido con movimientos de cabeza □ **sesteaba** (< siesta) **de a puchos**: dormía por momentos □ **maciza**: gruesa □ **casi veíase la nuca**: tenía la cabeza gacha □ **agachada**: inclinada □ **se desvencijaba**: se iba cayendo □ **apartadas**: separadas □ **tamaña**: grande

los demás: los otros □ **coraje**: valor (<u>el</u>)

de cuando en cuando: de vez en cuando □ **...las cuentas de sus rosarios**: cuentan las bolas del rosario □ **colgantes**: que colgaban □ **menudo chisporroteo**: lanzando saliva como chispas

Traté de: procuré □ **en lo oscuro**: la parte oscura □ **pelear**: luchar □ **todopoderoso** < poder □ **fláccido** ≠ rígido

pies descalzos: sin calzado

anochecían: oscurecían □ **fogón** < fuego; hogar □ **ceniza**: restos de una materia quemada □ **escuerzo**: sapo (batracio; 86, 13)

pasmados: asombrados, extasiados

(me) hacía señas de callar: me hacía señales para que yo no hablara □ **despertaron** ≠ d<u>u</u>rmieron □ **abismados por**: penetrados por □ **adivinación**: presentimiento □ **permanecimos**: nos quedamos

panza: vientre □ **purulenta**: expresa el asco □ **lomo**: *le dos*

coloreado < <u>el</u> color □ **redondeles**: formas redondas □ **vetas**:

verdinegras, detúvose perpleja como esperando el mandato. Tuve una sensación de congoja, previendo cosas sobrenaturales. Avanzó el escuerzo con brusca resolución: saltó cuatro o cinco veces con vigorosos distendimientos de sus patas traseras, en línea recta hacia la mesa sagrada.

— "¡Un milagro!", previó la voz ronca de la negra Ufrasia, y como acicateado por aquella reflexión, el infecto batracio fue, en un salto más largo y pesado, a
10 dar con todo el cuerpo contra una de las patas de la mesa que sostenía la inmóvil imagen del Niño Dios.

Prorrumpimos en conjunta exclamación de terror; creíamos presenciar, en reducidas representaciones, una escena bíblica. La mesa tambaleó al golpe; una de las velas emplazadas en la orilla titubeó, pareció sostenerse como una pequeña y ardiente torre de Pisa, y finalizó por caer, chorreando su hirviente sebo, justo en la cabeza y el lomo del infernal escuerzo que, herido y ciego por la ardiente ebullición de la grasa, rompió a
20 saltar en derrota hasta el fogón dormido. Allí concluyó todo: las brasas se desnudaron cuantiosas e ígneas, cayó la bestia confundiéndose en pasajera nube de ceniza, chirrió la grasa, sonó la panza, hinchada de furia con estampido de cohete, y un largo silbido maligno subrayó la muerte de la innoble encarnación diabólica.

En lejano rumor, llegó del pueblo una ascensión de campanas. ¡Hosanna! ¡Hosanna! ¡Cristo nació para la redención del mundo!

En el medio del fogón, de un bulto negruzco surgía
30 carbonizada una pata, de donde, plácida, se desprendía una llama inverosímilmente azul.

Extraña transfiguración nos poseía, y entonces, con-

rayas □ **verdinegras**: verdes y negras ⊠ **detúvose** < detenerse;
se paró □ **mandato**: la orden (mandar) □ **congoja**: angustia □
previendo: presintiendo, intuyendo
distendimientos: estiramientos
traseras: de atrás ≠ delanteras □ **recta**: derecha (directa)

previó < prever; presintió □ **ronca** ≠ dulce
acicateado: estimulado
fue ...a dar... contra: fue a parar, se estrelló (chocó contra)

imagen: estatua
Prorrumpimos en: proferimos □ **conjunta**: unánime
presenciar < presente; estar en presencia de
tambaleó: vaciló, osciló
velas: (86, 21)
torre de Pisa: la famosa torre inclinada □ **finalizó por**: acabó
por + inf. □ **chorreando**: saliendo como líquido □ **hirviente** (<
hervir) ≠ helado □ **sebo**: 86, 21
ciego: ha perdido la vista □ **rompió a saltar**: empezó a saltar
en derrota hasta: aquí, en dirección de ⊠ **concluyó** < concluir
...cuantiosas e ígneas: se avivaron, numerosas e incandescentes
confundiéndose: mezclándose □ **ceniza**: (88, 23)
chirrió: ruido de la grasa que fríe □ **hinchada**: llena
estampido de cohete: explosión de petardo □ **subrayó**: acentuó

lejano < lejos ≠ cercano
¡Hosanna...!: palabra de origen hebreo ("socorro") que
salmodian los judíos cuando los Tabernáculos; acompaña
también las gracias de los católicos a Cristo □ **bulto**: masa □
negruzco: que tira a negro □ **plácida**: apacible, serena
llama: "lengua" de fuego □ **inverosímilmente**: increíblemente
nos poseía: nos dominaba

fiado en la exhortación de mis ruegos, formulé deseos ante aquel Niño de cera, capaz de hacer milagros:

"Acuérdate de la calamidad que agosta a la tierra. Sólo el hombre salva, porque el don de lucha aguzó su inteligencia de bestia superior y así supo, por tus obras, cavar pozos para siempre tener agua, plantar sus alimentos y regarlos, cebar los irracionales domésticos, para vivir de sus carnes... pero lo demás carece de tal fortuna; para el campo, los árboles, las aves, las flores,
10 todo lo imposible de mantener artificialmente, la seca simboliza muerte. Sea, pues, para ellos, tu piedad".

Continuaba allá en lontananza la ascensión de las campanas; la pequeña imagen del Niño milagroso, caldeada por la proximidad de las velas y el aliento de los animales en adoración (propios para mitigar el frío invernal de las Navidades del Hemisferio Norte) comenzó a derretirse.

Nadie, empero, se atrevió a intervenir y la cera, cayendo en estalactitas por la orilla de la mísera mesa de
20 pino, hacía en el suelo como grandes y extrañas flores muy blancas.

confiado en: con confianza en □ **ruegos**: súplicas
ante: frente a
Acuérdate de < ac<u>o</u>rdarse de = rec<u>o</u>rdar □ **agosta**: seca
(se) salva: sobrevive □ **aguzó**: avivó, <u>dio</u> agudeza
así: de esa manera ⊘ <u>**supo**</u> < saber □ **por tus obras**: gracias a
ti, Señor □ **cavar pozos**: para captar y retener el agua de las
lluvias □ **regarlos**: irrigarlos □ **cebar**: dar de comer a los
animales (**los irracionales**: sin razón) □ **carece** (< carencia);
falta de, no tiene ⊘ <u>**las aves**</u>: los pájaros
...**mantener**: todo lo que es imposible mantener □ **seca**: la falta
de agua (sequía) □ **Sea... para ellos, tu piedad**: concédeles tu
misericordia □ **allá en lontananza**: (impreciso), allí en la lejanía
Niño milagroso: Jesús de los milagros
caldeada: calentada
mitigar: moderar
Navidad = Natividad
derretirse: fundir (la imagen —estatua— es de cera)
empero: sin embargo □ **se atrevió a...**: <u>tuvo</u> <u>el</u> valor de...
cayendo < caer □ **mísera**: miserable, pobre
suelo ≠ sol

Grammaire au fil des nouvelles

Traduisez les phrases suivantes inspirées du texte (le premier chiffre renvoie aux pages, les suivants aux lignes) :

C'était le 24 décembre, par la grâce de Dieu (date ; 82 - 18).

Le lendemain *ce serait Noël* toute la journée (forme impersonnelle ; 82 - 20).

Cette nuit-là il y aurait la "Messe de Minuit" pour fêter l'événement *le plus* chrétien de notre Ère (démonstratif, superlatif ; 84 - 12,13,14).

Il était temps (84 - 16).

L'obscurité nocturne *ne réussissait* qu'à rendre plus pénible *la chaleur* insupportable ("ne...que", "réussir à" + inf., genre des mots en *-or* ; 84 - 26,27).

Je saluai avec respect (86 - 1).

Je cherchai un endroit où *m'adosser*, avec une méfiance de sanglier (passé simple, enclise ; 86 - 14,15).

J'essayai de m'effacer dans l'obscurité pour ne plus lutter contre le sommeil tout-puissant (*lo* + adj., "essayer de" + inf. ; 88 - 19,20).

Par *je ne sais quelle* étrange coïncidence, les autres se réveillèrent aussi (...) et nous restâmes immobiles (interrogative indirecte, passé simple ; 88 - 27,28,29).

J'eus une sensation d'angoisse *en prévoyant* des choses surnaturelles (gérondif ; 90 - 2,3).

Le Christ est né pour la rédemption du monde (pas d'article devant *Cristo*, valeur du passé simple ; 90 - 27,28).

(...) je formai des vœux *devant ce Jésus en cire*, capable de faire des miracles (*ante ≠ delante de*, "de" + matière, pas d'article indéfini pluriel, 92 - 1,2).

Personne, cependant, *n'osa* intervenir (*nadie* + verbe = *no* + verbe + *nadie*, *atreverse a* + inf. ; 92 - 18).

Jorge Luis Borges

(Argentina)

EL MUERTO

Nace en 1899 en Buenos Aires (Argentina) y muere en Ginebra (Suiza) en 1986.

Es uno de los autores hispanoamericanos más internacionales tanto por la fama como por la temática de su obra. Esto se puede explicar por sus estudios segundarios en Suiza, su conocimiento del alemán, del francés y del inglés, su función de director de la Biblioteca Nacional de Buenos Aires, sus viajes por Europa.

Entre sus numerosas obras, traducidas casi todas para el público europeo, se pueden señalar " Historia universal de la infamia ", " Ficciones ", " El Aleph ", " La muerte y la brújula "...

Borges ha escrito: " Hemos soñado el mundo. Lo hemos soñado fuerte, misterioso, visible, ubicuo en el espacio y seguro en el tiempo; pero hemos permitido tenues y eternos intersticios de sinrazón en su estructura para poder saber que es falso. " Dentro de este enfoque, su cuento " El muerto " relata una existencia entre realidad y ficción, entre historia y leyenda.

Que un hombre del suburbio de Buenos Aires, que un triste compadrito sin más virtud que la infatuación del coraje, se interne en los desiertos ecuestres de la frontera del Brasil y llegue a capitán de contrabandistas, parece de antemano imposible. A quienes lo entienden así, quiero contarles el destino de Benjamín Otálora, de quien acaso no perdura un recuerdo en el barrio de Balvanera y que murió en su ley, de un balazo, en los confines de Río Grande do Sul. Ignoro los detalles de su

10 aventura: cuando me sean revelados, he de rectificar y ampliar estas páginas. Por ahora, este resumen puede ser útil.

Benjamín Otálora cuenta, hacia 1891, diecinueve años. Es un mocetón de frente mezquina, de sinceros ojos claros, de reciedumbre vasca; una puñalada feliz le ha revelado que es un hombre valiente; no lo inquieta la muerte de su contrario, tampoco la inmediata necesidad de huir de la República. El caudillo de la parroquia le da una carta para un tal Azevedo Bandeira, del

20 Uruguay. Otálora se embarca, la travesía es tormentosa y crujiente; al otro día, vaga por las calles de Montevideo, con inconfesada y tal vez ignorada tristeza. No da con Azevedo Bandeira; hacia la medianoche, en un almacén del Paso de Molino, asiste a un altercado entre unos troperos. Un cuchillo relumbra; Otálora no sabe de qué lado está la razón, pero lo atrae el puro sabor del peligro, como a otros la baraja o la música. Para, en el entrevero, una puñalada baja que un peón le tira a un hombre de galera oscura y de poncho. Este,

30 después, resulta ser Azevedo Bandeira. (Otálora, al saberlo, rompe la carta, porque prefiere debérselo todo a sí mismo.) Azevedo Bandeira da, aunque fornido, la

suburbio: las afueras, parte exterior de la ciudad

compadrito: hombre de mal vivir (B. A. a finales del siglo 19) ☐ **infatuación**: fatuidad, vanidad ☐ **se interne**: penetre ☐ **desiertos ecuestres**: sólo poblado por caballos ☐ **llegue a capitán**: (a ser); logre ser ☐ **de antemano**: por anticipado ☐ **A quienes**: a los que; a aquellos que ☐ **contarles**

acaso no perdura: quizás no subsista ☐ **barrio de Balvanera**: suburbio (97, 1) de Buenos Aires ☑ **murió** ☐ **de un balazo**: de un disparo ☐ **Rio Grande do Sul**: estado del Brasil

cuando me sean revelados: el subjuntivo marca lo eventual ☐ **he de rectificar**: perífrasis que traduce la obligación

cuenta: tiene ☐ **hacia 1891**: alrededor del año 1891

mocetón < mozo: joven; el sufijo -ón es aumentativo ☐ **de frente mezquina**: pequeña ☐ **reciedumbre vasca**: los vascos tienen fama de ser vigorosos, recios ☐ **valiente**: valeroso

tampoco la...: (s.e.) tampoco le inquieta la... = no le inquieta tampoco la... ☐ **el caudillo de la parroquia**: el jefe del distrito

carta ≠ letra (= a, b, c...) ☐ **un tal**: *un certain* ☑ **el** Uruguay: varios países de América del Sur tienen el artículo pero son excepciones ☐ **crujiente**: ruido que hace el barco de velas

tal vez: quizá, posiblemente

No da con: no encuentra a ☐ **hacia**: a eso de

almacén: aquí, tienda grande con varias secciones ☐ **altercado**: disputa violenta ☐ **troperos**: reseros (85, 23) ☐ **relumbra**: brilla

el puro (sabor): el simple

la baraja: las cartas, los naipes

entrevero: (A.L.) confusión ☐ **puñalada** < puñal ☐ **peón**: tropero (97, 25) ☐ **de galera**: con un sombrero ☑ **Este**: pro. demos., el hombre

(al) saberlo: cuando lo sabe ☐ **debérselo** todo

aunque fornido: a pesar de ser robusto

injustificable impresión de ser contrahecho; en su rostro, siempre demasiado cercano, están el judío, el negro y el indio; en su empaque, el mono y el tigre; la cicatriz que le atraviesa la cara es un adorno más, como el negro bigote cerdoso.

Proyección o error del alcohol, el altercado cesa con la misma rapidez con que se produjo. Otálora bebe con los troperos y luego los acompaña a una farra y luego a un caserón en la Ciudad Vieja, ya con el sol bien alto.
10 En el último patio, que es de tierra, los hombres tienden su recado para dormir. Oscuramente, Otálora compara esa noche con la anterior; ahora ya pisa tierra firme, entre amigos. Lo inquieta algún remordimiento, eso sí, de no extrañar a Buenos Aires. Duerme hasta la oración, cuando lo despierta el paisano que agredió, borracho, a Bandeira. (Otálora recuerda que ese hombre ha compartido con los otros la noche de tumulto y de júbilo y que Bandeira lo sentó a su derecha y lo obligó a seguir bebiendo.) El hombre le dice que el patrón lo
20 manda buscar. En una suerte de escritorio que da al zaguán (Otálora nunca ha visto un zaguán con puertas laterales) está esperándolo Azevedo Bandeira, con una clara y desdeñosa mujer de pelo colorado. Bandeira lo pondera, le ofrece una copa de caña, le repite que le está pareciendo un hombre animoso, le propone ir al Norte con los demás a traer una tropa. Otálora acepta; hacia la madrugada están en camino, rumbo a Tacuarembó.

Empieza entonces para Otálora una vida distinta, una vida de vastos amaneceres y de jornada que tienen el
30 olor del caballo. Esa vida es nueva para él, y a veces atroz, pero ya está en su sangre, porque lo mismo que los hombres de otras naciones veneran y presienten el

contrahecho: deforme □ **rostro**: cara

cercano < cerca ≠ lejos □ **están**: aquí, se mezclan

empaque: aspecto

atraviesa < atravesar □ **un adorno más**: un ornamento
suplementario □ **bigote**: *moustache* □ **cerdoso**: espeso, velloso

se produjo < producirse

luego: después □ **farra**: juerga; ir de farra: "divertirse entre
hombres" □ **caserón**: casa muy grande □ **ya...alto**:
han pasado la noche de farra (l. 8) y está muy avanzada la
mañana □ **recado**: pieza de la montura consistente en dos
cojines rellenos de paja □ **ya**: por fin □ **pisa**: pone el pie sobre

algún remordimiento: apócope □ **eso sí**: es verdad

extrañar a: sentir nostalgia por

la oración: la hora de la oración (aquí, las doce) □ **paisano**: en
este caso, el campesino □ **borracho**: ebrio (que ha bebido
mucho alcohol) □ **ha compartido con...**: ha participado con...a

júbilo: alegría

seguir bebiendo: expresa la continuidad

(lo) manda buscar: supone una orden; el patrón ha mandado al
paisano que vaya a buscar a Otálora □ **zaguán**: entrada ☒
nunca ha visto = no ha visto nunca ☒ **está esperándolo** = lo
está esperando □ **desdeñosa** < desdén; despreciativa

(lo) pondera: lo elogia □ **caña**: alcohol de caña; aguardiente

(le está)... animoso: parece que es valiente, según Bandeira

la madrugada: el amanecer ≠ el crepúsculo □ **rumbo a**: en
dirección de □ **empieza** < empezar; comienza □ **distinta**

amaneceres: (l. 27), auroras ☒ **jornada**: camino recorrido en un
día ☒ **el olor**

ya está en su sangre: es su elemento

presienten < presentir

mar, así nosotros (también el hombre que entreteje estos símbolos) ansiamos la llanura inagotable que resuena bajo los cascos. Otálora se ha criado en los barrios del carrero y del cuarteador; antes de un año se hace gaucho. Aprende a jinetear, a entropillar la hacienda, a carnear, a manejar el lazo que sujeta y las boleadoras que tumban, a resistir el sueño, las tormentas, las heladas y el sol, a arrear con el silbido y el grito. Sólo una vez, durante ese tiempo de aprendizaje, ve a
10 Azevedo Bandeira, pero lo tiene muy presente, porque ser *hombre de Bandeira* es ser considerado y temido, y porque, ante cualquier hombrada, los gauchos dicen que Bandeira lo hace mejor. Alguien opina que Bandeira nació del otro lado del Cuareim, en Rio Grande do Sul; eso, que debería rebajarlo, oscuramente lo enriquece de selvas populosas, de ciénagas, de inextricables y casi infinitas distancias. Gradualmente, Otálora entiende que los negocios de Bandeira son múltiples y que el principal es el contrabando. Ser tropero es ser un sirviente;
20 Otálora se propone ascender a contrabandista. Dos de los compañeros, una noche, cruzarán la frontera para volver con unas partidas de caña; Otálora provoca a uno de ellos, lo hiere y toma su lugar. Lo mueve la ambición y también una oscura fidelidad. *Que el hombre* (piensa) *acabe por entender que yo valgo más que todos sus orientales juntos.*

Otro año pasa antes que Otálora regrese a Montevideo. Recorren las orillas, la ciudad (que a Otálora le parece muy grande); llegan a casa del patrón; los
30 hombres tienden los recados en el último patio. Pasan los días y Otálora no ha visto a Bandeira. Dicen, con temor, que está enfermo; un moreno suele subir a su

entreteje: enlaza

ansiamos: deseamos □ **llanura** > llano □ **inagotable**: infinita

se ha criado > los críos (pop.) los niños; ha crecido

carrero y...: troperos (97, 25) que guían el ganado por la pampa □ **jinetear**: montar a caballo □ **entropillar la hacienda** acostumbrar a los caballos a vivir juntos □ **carnear** < carne; matar el animal □ **boleadoras**: dos o tres bolas unidas por correas, usadas para cazar animales □ **heladas** < hielo □ **arrear**: estimular a las caballerías □ **...una vez**: una sola vez

temido: inspira <u>el temor</u>, el miedo

ante: más abstracto que "delante de" □ **hombrada**: acción del hombre valiente, proeza □ **opina** > opinión; piensa

Cuareim: río del sur del Brasil

eso: demos. neutro; lo que precede □ **rebajarlo** < bajo

selvas populosas: bosques extensos y poblados □ **ciénaga**: terreno cubierto de barro y de agua estancada

tropero: (97, 25) □ **sirviente** < servir: doméstico

se propone ascender a: alcanzar la categoría de

cruzarán: pasarán del otro lado de

volver = regresar □ **partidas de caña**: aquí, cantidades de aguardiente de caña ⊘ **hiere** < herir □ **lugar**: sitio □ **lo mueve**: aquí, lo incita

entender: comprender ⊘ **valgo** < valer: presente irregular (como salir) □ **orientales**: los nativos <u>del</u> Uruguay □ **juntos**: reunidos □ **Otro año**: sin indefinido □ **Montevideo**: capital del Uruguay sobre el Río de la Plata □ **recorren las orillas**: caminan cerca del Océano

tienden < tender (sobre el suelo) □ **recados**: (99, 11)

Dicen: sujeto indeterminado; corresponde al *on* francés

está enfermo: está malo ≠ es malo ⊘ **subir** ≠ bajar

dormitorio con la caldera y con el mate. Una tarde, le encomiendan a Otálora esa tarea. Este se siente vagamente humillado pero satisfecho también.

El dormitorio es desmantelado y oscuro. Hay un balcón que mira al poniente, hay una larga mesa con un resplandeciente desorden de taleros, de arreadores, de cintos, de armas de fuego y de armas blancas, hay un remoto espejo que tiene la luna empañada. Bandeira yace boca arriba; sueña y se queja; una vehemencia de
10 sol último lo define. El vasto lecho blanco parece disminuirlo y oscurecerlo; Otálora nota las canas, la fatiga, la flojedad, las grietas de los años. Lo subleva que los esté mandando ese viejo. Piensa que un golpe bastaría para dar cuenta de él. En eso, ve en el espejo que alguien ha entrado. Es la mujer de pelo rojo; está a medio vestir y descalza y lo observa con fría curiosidad. Bandeira se incorpora; mientras habla de cosas de la campaña y despacha mate tras mate, sus dedos juegan con las trenzas de la mujer. Al fin, le da licencia a
20 Otálora para irse.

Días después, les llega la orden de ir al Norte. Arriban a una estancia perdida, que está como en cualquier lugar de la interminable llanura. Ni árboles ni un arroyo la alegran, el primer sol y el último la golpean. Hay corrales de piedra para la hacienda, que es guampuda y menesterosa. *El Suspiro* se llama ese pobre establecimiento.

Otálora oye en rueda de peones que Bandeira no tardará en llegar de Montevideo. Pregunta por qué;
30 alguien aclara que hay un forastero agauchao que está queriendo mandar demasiado. Otálora comprende que es una broma, pero le halaga que esa broma sea

102

caldera: recipiente para hervir el agua □ **mate**: infusión típica del Río de la Plata □ **encomiendan**: confían □ **tarea**: labor (la) **humillado**: ofendido

desmantelado: no tiene muebles

poniente: donde se pone el sol ≠ el oriente ⊘ **larga** ≠ ancha

taleros y **arreadores**: látigos para arrear (101, 9) a las caballerías □ **cintos** > cinturones

remoto: lejano □ **espejo**: refleja las imágenes □ **luna empañada**: espejo de vidrio sin brillo □ **yace**: está tendido □ **se queja**: gime (< gemir) □ **lecho**: cama

nota: ve □ **las canas**: el cabello que se ha vuelto blanco

la flojedad ≠ el vigor □ **grietas**: las marcas en la piel

los esté mandando: (...) dominando

bastaría: sería suficiente □ **dar cuenta de él**: acabar con él

alguien ≠ nadie □ **de pelo rojo**: pelirroja

descalza: sin zapatos

se incorpora (< cuerpo): se levanta, se pone en pie

despacha: bebe □ **mate**: (103, 1)

trenzas: el cabello largo entretejido □ **da licencia**: permite

la orden ≠ el orden

Arriban: (Arg.) llegan □ **estancia**: propiedad rural dedicada a la ganadería ⊘ **cualquier lugar**: (lat.: locus) sitio □ **llanura**: espacio llano □ **arroyo**: río pequeño (riachuelo) □ **alegran** ≠ entristecen □ **corrales**: sitio cerrado y descubierto donde recogen a los animales (= **la hacienda**) □ **guampuda y menesterosa**: los animales (ganado vacuno) tienen cuernos largos y son flacos (≠ gordos) □ **rueda de peones**: corro (grupo) de troperos □ **no tardará en llegar**: llegará pronto

aclara: explica □ **forastero**: desconocido (≠ extranjero) □ **agauchao**: que imita a los gauchos □ **mandar**: ordenar

broma: algo divertido, poco serio

posible. Averigua, después, que Bandeira se ha enemistado con uno de los jefes políticos y que éste le ha retirado su apoyo. Le gusta esa noticia.

Llegan cajones de armas largas; llegan una jarra y una palangana de plata para el aposento de la mujer; llegan cortinas de intrincado damasco; llega de las cuchillas, una mañana, un jinete sombrío, de barba cerrada y de poncho. Se llama Ulpiano Suárez y es el *capanga* o guardaespaldas de Azevedo Bandeira. Habla
10 muy poco y de una manera abrasilerada. Otálora no sabe si atribuir su reserva a hostilidad, a desdén o a mera barbarie. Sabe, eso sí, que para el plan que está maquinando tiene que ganar su amistad.

Entra después en el destino de Benjamín Otálora un colorado cabos negros que trae del sur Azevedo Bandeira y que luce apero chapeado y carona con bordes de piel de tigre. Ese caballo liberal es un símbolo de la autoridad del patrón y por eso lo codicia el muchacho, que llega también a desear, con deseo
20 rencoroso, a la mujer de pelo resplandeciente. La mujer, el apero y el colorado son atributos o adjetivos de un hombre que él aspira a destruir.

Aquí la historia se complica y se ahonda. Azevedo Bandeira es diestro en el arte de la intimidación progresiva, en la satánica maniobra de humillar al interlocutor gradualmente, combinando veras y burlas; Otálora resuelve aplicar ese método ambiguo a la dura tarea que se propone. Resuelve suplantar, lentamente, a Azevedo Bandeira. Logra, en jornadas de peligro
30 común, la amistad de Suárez. Le confía su plan; Suárez le promete su ayuda. Muchas cosas van aconteciendo después, de las que sé unas pocas. Otálora no obedece a

Averigua: descubre; aprende □ **se ha enemistado con**: se ha vuelto enemigo de ☑ **éste**: pronombre ≠ este: adjetivo

apoyo: protección □ **Le gusta**: le agrada (< agradable) □ **noticia**: información □ **cajón** < caja □ **jarra y (...) palangana**: recipientes que sirven para lavarse □ **aposento**: habitación

cortina: tela que cubre o adorna ventanas □ **intrincado damasco**: tela de seda con dibujo complicado (< Damasco) □ **cuchillas**: (A.L.) colinas □ **jinete**: hombre a caballo □ **cerrada**: espesa □ *capanga*: brazo derecho □ **guardaespaldas**: hombre pagado para proteger a otro contra posibles agresiones □ **abrasilerada**: con acento del Brasil

mera: simple

colorado cabos negros: caballo rojo con patas, hocico y crines negros □ **luce**: ostenta □ **apero chapeado**: silla de montar con placas de metal **(chapa)** □ **carona**: pieza de cuero crudo debajo del recado (99, 11) ☑ **liberal**: noble □ **por eso**: por esa razón □ **lo codicia**: lo desea

rencoroso < el rencor

el apero: (l. 16)

se ahonda < hondo; se profundiza

diestro: hábil, experto

satánica: diabólica □ **maniobra**: operación

veras: verdades □ **burlas**: aquí, engaños; mentiras

resuelve < resolver + inf.: decide

tarea: trabajo; labor (la)

Logra: consigue; obtiene ☑ **jornadas**: expediciones, cabalgadas

van aconteciendo: pasan < acontecimiento: algo que pasa

sé < saber (yo) □ **no obedece**: no se somete

Bandeira; da en olvidar, en corregir, en invertir sus
órdenes. El universo parece conspirar con él y apresura
los hechos. Un mediodía, ocurre en campos de Tacuarembó un tiroteo con gente riograndense; Otálora
usurpa el lugar de Bandeira y manda a los orientales. Le
atraviesa el hombro una bala, pero esa tarde Otálora
regresa al *Suspiro* en el colorado del jefe y esa tarde
unas gotas de su sangre manchan la piel de tigre y esa
noche duerme con la mujer de pelo reluciente. Otras
10 versiones cambian el orden de estos hechos y niegan que
hayan ocurrido en un solo día.

Bandeira, sin embargo, siempre es nominalmente el
jefe. Da órdenes que no se ejecutan; Benjamín Otálora
no lo toca, por una mezcla de rutina y de lástima.

La última escena de la historia corresponde a la
agitación de la última noche de 1894. Esa noche, los
hombres del *Suspiro* comen carne recién matada y beben
un alcohol pendenciero; alguien infinitamente rasguea
una trabajosa milonga. En la cabecera de la mesa,
20 Otálora, borracho, erige exultación sobre exultación,
júbilo sobre júbilo; esa torre de vértigos es un símbolo
de su irresistible destino. Bandeira, taciturno entre los
que gritan, deja que fluya clamorosa la noche. Cuando
las doce campanadas resuenan, se levanta como quien
recuerda una obligación. Se levanta y golpea con
suavidad a la puerta de la mujer. Esta le abre en
seguida, como si esperara el llamado. Sale a medio vestir
y descalza. Con una voz que se afemina y se arrastra, el
jefe le ordena:

30 — Ya que vos y el porteño se quieren tanto, ahora
mismo le vas a dar un beso a vista de todos.

Agrega una circunstancia brutal. La mujer quiere

da en + inf.: se le ocurre + inf.; le viene la idea de

órdenes (las) ☐ **apresura**: precipita

los hechos < hacer ☐ **ocurre**: sucede, sobreviene

tiroteo < tiros; disparos desordenados ☐ **riograndense**: del estado de Río Grande do Sul (97, 9) ☐ **lugar**: puesto ☐ **orientales**: los costeños uruguayos ☐ **atrav<u>ie</u>sa**: pasa de parte a parte ☐ **regresa**: vuelve ☐ *Suspiro:* la estancia (102, 26)

unas: algunas ≠ varias ☑ **<u>la</u> sangre** ☐ **manchan**: marcan, ensucian ☐ **reluciente**: brillante

niegan < negar ≠ afirmar

hayan: presente del subjuntivo del auxiliar haber

lástima: piedad, compasión

recién...: que acaba de ser...

pendenciero: provoca agresividad ☐ **rasguea**: acompaña con la guitarra la **trabajosa** (laboriosa) **milonga** (canto popular de <u>la</u> Argentina) ☐ **cabecera**: sitio de honor ☐ **erige** < erigir: manifiesta ☐ **júbilo**: entusiasmo

deja que fluya: consiente que transcurra (pase) ☐ **clamorosa** < clamor (el); ruidosa ☐ **campanadas**: sonido de las campanas

se levanta: se incorpora (103, 17) ☐ **golpea**: llama

suavidad: dulzura ☐ **Esta**: pronombre (s. e. la mujer)

en seguida: inmediatamente ☑ **como si esper<u>ara</u>** ☐ **el llamado** < llamar ☐ **descalza**: sin zapatos ☐ **se arrastra**: se muestra lenta

vos: (Arg.) tú ☐ **el porteño**: habitante de Buenos Aires

vista < ver

Agrega: añade

resistir, pero dos hombres la han tomado del brazo y la echan sobre Otálora. Arrasada en lágrimas, le besa la cara y el pecho. Ulpiano Suárez ha empuñado el revólver. Otálora comprende, antes de morir, que desde el principio lo han traicionado, que ha sido condenado a muerte, que le han permitido el amor, el mando y el triunfo, porque ya lo daban por muerto, porque para Bandeira ya estaba muerto.

Suárez, casi con desdén, hace fuego.

la han tomado del brazo: la han cogido por el brazo
Arrasada en: bañada en
ha empuñado < puño; ha cogido

el mando: el poder
lo daban por muerto: lo consideraban como muerto

desdén: indiferencia

Grammaire au fil des nouvelles

Traduisez les phrases suivantes inspirées du texte (le premier chiffre renvoie aux pages, les suivants aux lignes) :

Quand les détails de son aventure *me seront révélés, il me* **faudra rectifier et amplifier ces pages** (subordonnées temporelles, obligation ; 96 - 10,11).

Il ne trouve pas Azevedo Bandeira (*dar con ;* 96 - 23).

Otálora, *en le sachant,* **déchire la lettre, car il préfère tout se devoir à lui-même** (*al* + inf., enclise ; 96 - 31,32).

Bandeira *le* **fit asseoir à sa droite et** *l'***obligea à** *continuer* *à boire* (P.C.D., *seguir* + gérondif ; 98 - 18,19).

Dans une espèce de bureau qui *donne* **sur le vestibule (...) Azevedo Bandeira** *est en train de l'attendre* (*dar a,* forme progressive ; 98 - 21,23).

Durant cette période d'apprentissage, il ne voit Azevedo Bandeira *qu'une seule fois* (100 - 9,10).

Otálora provoque *l'un d'entre eux, le blesse* **et prend sa place** (diphtongaison, *a* devant les personnes, C.O.D. ; 100 - 22,23).

On dit, **avec crainte, qu'il est malade** (100 - 31,32).

Bandeira repose, couché *sur le dos* (102 - 9).

Cette nouvelle *lui plaît* (*gustar ;* 104 - 3).

Il *lui* **confie son plan ; Suárez** *lui* **promet son aide** (C.O.I., possessif ; 104 - 30,31).

Il lui prend **d'oublier, de corriger, d'inverser ses ordres** (*dar en ;* 106 - 1,2).

Il se lève et frappe avec douceur à la porte de la femme. *Celle-ci* **lui ouvre tout de suite,** *comme si elle attendait* **son appel** (*como si* + subj. imp. ; 106 - 25,26,27).

Otálora comprend avant de mourir que, depuis le début, on l'a trahit, qu'il a été condamné à mort, qu'on lui a permis l'amour, le pouvoir, le succès parce qu'*on le considérait* **déjà comme mort...** (C.O.D., C.O.I., *dar por* ; 108 - 4 à 7).

José Donoso
(Chile)

UNA SEÑORA

Nace en Santiago de Chile en 1924.

Después de sus estudios universitarios, se dedica a las letras. Es profesor de literatura inglesa en la Universidad Católica de Chile. Luego se instala en los Estados Unidos donde enseña en las universidades de Iowa, Princeton, Dartmouth. También reside en España algunos años. El golpe de estado del general Pinochet le condena al exilio.

La publicación de sus obras empieza en 1955 con "Veraneo y otros cuentos". Siguen otras más entre las cuales se destacan "Este domingo" (1966), "El obsceno pájaro de la noche" (1970), "Casa de campo" (1978), "La misteriosa desaparición de la marquesita de Loria" (1980).

"Una señora" forma parte de "Cuentos", libro publicado en 1971. Relata la curiosa relación que establece el narrador con una mujer desconocida. Dicha mujer llega a integrarse a su vida, a ser un elemento constitutivo de su mundo sin que ella lo sospeche. Así se revelan ciertos aspectos del mundo de Donoso : la soledad del individuo, la fascinación que ejerce la mujer y el profundo misterio que rige las relaciones entre los seres.

No recuerdo con certeza cuándo fue la primera vez que me di cuenta de su existencia. Pero si no me equivoco, fue cierta tarde de invierno en un tranvía que atravesaba un barrio popular.

Cuando me aburro de mi pieza y de mis conversaciones habituales, suelo tomar algún tranvía, cuyo recorrido desconozca y pasear así por la ciudad. Esa tarde llevaba un libro por si se me antojara leer, pero no lo abrí. Estaba lloviendo esporádicamente y el tranvía avanzaba
10 casi vacío. Me senté junto a una ventana, limpiando un boquete en el vaho del vidrio para mirar las calles.

No recuerdo el momento exacto en que ella se sentó a mi lado. Pero cuando el tranvía hizo alto en una esquina, me invadió aquella sensación tan corriente y, sin embargo, misteriosa, que cuanto veía, el momento justo y sin importancia como era, lo había vivido antes, o tal vez soñado. La escena me pareció la reproducción exacta de otra que me fuese conocida : delante de mí, un cuello rojizo vertía sus pliegues sobre una camisa
20 deshilachada ; tres o cuatro personas dispersas ocupaban los asientos del tranvía ; en la esquina había una botica de barrio con su letrero luminoso, y un carabinero bostezó junto al buzón rojo, en la oscuridad que cayó en pocos minutos. Además, vi una rodilla cubierta por un impermeable verde junto a mi rodilla.

Conocía la sensación, y más que turbarme me agradaba. Así, no me molesté en indagar dentro de mi mente dónde y cómo sucediera todo esto antes. Despaché la sensación con una irónica sonrisa interior,
30 limitándome a volver la mirada para ver lo que seguía de esa rodilla cubierta con un impermeable verde.

Era una señora. Una señora que llevaba un paraguas

No recuerdo < recordar (algo) □ **con certeza**: exactamente, con seguridad □ **me di** (< darse) **cuenta de**: me percaté de, conocí **(si no me) equivoco**: si no me confundo ⊘ **cierta tarde**
barrio: zona urbana
me aburro de: me canso de (≠ me divierto con)
suelo tomar: supone frecuencia; acostumbro tomar ⊘ **cuyo**: traduce el *"dont le"* francés □ **desconozca**: me sea desconocido □ **por si se me antojara leer**: en caso de que me hubiera pasado por la cabeza leer; por si se me ocurriera leer
vacío ≠ lleno □ **junto a**: cerca de
boquete: aquí, espacio □ **vaho**: humedad condensada del vidrio
No recuerdo = no me acuerdo de
hizo (< hacer) □ **alto**: paró en una estación
esquina: unión de dos calles □ **aquella sensación**: el demostrativo traduce aquí lo misterioso de la sensación □ **sin embargo**: no obstante, con todo □ **veía** < ver (yo)

que me fuese conocida: aquí el subj. imp. tiene valor de p.c.p.; otra (escena) que había conocido □ **rojizo** < rojo
deshilachada: desgastada, se deshilaba (< hilos) □ **dispersas**: diseminadas ⊘ **botica**: farmacia
letrero: para anunciarla de modo visible □ **carabinero**: (Chile) policía □ **bostezó**: de sueño o aburrimiento □ **buzón**: para depositar el correo □ **Además**: también □ **vi** < ver □ **rodilla**: *genou* □ **junto a** ≠ lejos de

(me) agradaba: me era agradable □ **no... indagar**: no me preocupé de buscar ⊘ **dónde** y **cómo**: int. indirectas □ **sucediera**: (l. 18) aquí, había sucedido □ **despaché... con**: mi reacción frente a esta sensación fue... □ **volver la mirada**: dirigir la mirada en dirección de la rodilla y lo que **seguía** (lo que venía después) □ **llevaba**: tenía □ **paraguas**: para protegerse

113

mojado en la mano y un sombrero funcional en la cabeza. Una de esas señoras cincuentonas, de las que hay por miles en esta ciudad: ni hermosa ni fea, ni pobre ni rica. Sus facciones regulares mostraban los restos de una belleza banal. Sus cejas se juntaban más de lo corriente sobre el arco de la nariz, lo que era el rasgo más distintivo de su rostro.

Hago esta descripción a la luz de hechos posteriores, porque fue poco lo que de la señora observé entonces.
10 Sonó el timbre, el tranvía partió haciendo desvanecerse la escena conocida, y volví a mirar la calle por el boquete que limpiara en el vidrio. Los faroles se encendieron. Un chiquillo salió de un despacho con dos zanahorias y un pan en la mano. La hilera de casas bajas se prolongaba a lo largo de la acera: ventana, puerta, ventana, puerta, dos ventanas, mientras los zapateros, gasfíteres y verduleros cerraban sus comercios exiguos.

Iba tan distraído que no noté el momento en que mi
20 compañera de asiento se bajó del tranvía. ¿Cómo había de notarlo si después del instante en que la miré ya no volví a pensar en ella?

No volví a pensar en ella hasta la noche siguiente.

Mi casa está situada en un barrio muy distinto a aquel por donde me llevara el tranvía la tarde anterior. Hay árboles en las aceras y las casas se ocultan a medias detrás de rejas y matorrales. Era bastante tarde, y yo estaba cansado, ya que pasara gran parte de la noche charlando con amigos ante cervezas y tazas de café.
30 Caminaba a mi casa con el cuello del abrigo muy subido. Antes de atravesar una calle divisé una figura que se me antojó familiar, alejándose bajo la oscuridad de

de la lluvia □ **mojado** ≠ seco □ **funcional**: práctico (y no de
adorno) □ **cincuentonas**: (aumentativo) de unos cincuenta años
hermosa: bella
facciones: los rasgos de su cara
cejas: los pelos que están por encima de los ojos □ **se
juntaban**: se unían □ **la nariz,** los ojos, la boca, etc.
rasgo más distintivo: aspecto más característico □ **rostro**: cara
hago < hacer (yo) □ **hechos** < hacer
entonces: en ese momento
desvanecerse: desaparecer
volví a mirar: iteración, miré nuevamente
limpiara: había limpiado □ **faroles**: de noche sirven para
iluminar las calles □ **chiquillos** < chicos □ **despacho**: aquí,
tienda de comestibles □ **hilera**: fila
acera: borde de la calle reservado para los peatones

gasfíteres: (A.L.) venden butano (gas) □ **verduleros**: venden
verduras y hortalizas (legumbres)
Iba tan distraído: estaba en otros pensamientos □ **no noté**: no
me di cuenta de □ **se bajó** = se apeó □ **¿Cómo había de
notarlo...?**: ¿Cómo hubiera podido yo darme cuenta...?
(ya no) volví a pensar en...: no pensé otra vez en...

distinto a
me llevara: me había transportado
se ocultan: se disimulan
rejas: sirven para cerrar o adornar puertas y ventanas □
matorrales: plantas o arbustos □ **pasara**: había pasado
charlando: conversando □ **ante**: delante de
Caminaba a: en dirección de □ **con el ...subido**: para protegerse
la cara del frío ☑ **divisé una figura**: vi a lo lejos una silueta
que se me antojó: que me pareció □ **alejándose** < lejos ≠

115

las ramas. Me detuve, observándola un instante. Sí, era la mujer que iba junto a mí en el tranvía la tarde anterior. Cuando pasó bajo un farol reconocí inmediatamente su impermeable verde. Hay miles de impermeables verdes en esta ciudad, sin embargo no dudé de que se trataba del suyo, recordándola a pesar de haberla visto sólo unos segundos en que nada de ella me impresionó. Crucé a la otra acera. Esa noche me dormí sin pensar en la figura que se alejaba bajo los árboles
10 por la calle solitaria.

Una mañana de sol, dos días después, vi a la señora en una calle céntrica. El movimiento de las doce estaba en su apogeo. Las mujeres se detenían en las vidrieras para discutir la posible adquisición de un vestido o de una tela. Los hombres salían de sus oficinas con documentos bajo el brazo. La reconocí de nuevo al verla pasar mezclada con todo esto, aunque no iba vestida como en las veces anteriores. Me cruzó una ligera extrañeza de por qué su identidad no se había borrado
20 de mi mente, confundiéndola con el resto de los habitantes de la ciudad.

En adelante comencé a ver a la señora bastante seguido. La encontraba en todas partes y a toda hora. Pero a veces pasaba una semana o más sin que la viera. Me asaltó la idea melodramática de que quizás se ocupara en seguirme. Pero la deseché al constatar que ella, al contrario que yo, no me identificaba en medio de la multitud. A mí, en cambio, me gustaba percibir su identidad entre tanto rostro desconocido. Me sentaba en
30 un parque y ella lo cruzaba llevando un bolsón con verduras. Me detenía a comprar cigarrillos, y estaba ella pagando los suyos. Iba al cine, y allí estaba la señora,

acercándose □ **las ramas** (de los árboles) □ **Me det<u>uve</u>** <
detenerse; me paré □ **junto a mí**: a mi lado
bajo o debajo de □ **farol**: (115, 12)

sin embargo: no obstante; a pesar de ello □ **no dudé de...suyo**:
no tuve la menor duda de que era su impermeable □ **-la**: el
pronombre remite a la mujer <u>cuya</u> figura ha visto □ **sólo**:
solamente □ **Crucé a...**: me pasé a
pensar <u>en</u>

vi (< ver) <u>a</u> **la señora**
calle céntrica: calle del centro de la ciudad □ **movimiento de las**
doce: cuando hay más gente fuera □ **vidrieras**: (A.L.) los
escaparates (de vidrio) de las tiendas
oficina: sitio donde se trabaja escribiendo, haciendo cuentas,
etc. □ **al verla pasar**: cuando la vi pasar; al + inf. >
simultaneidad entre varias acciones □ **todo esto**: la multitud de
mediodía □ **me cruzó**: (s. e. la mente) me pasó por la cabeza
extrañeza: sentimiento extraño □ **borrado**: desaparecido
confundiéndola con: mezclándose con

En adelante: a partir de ese momento □ **bastante (seguido)**: a
menudo, repetidas veces
sin que (yo) **la v<u>iera</u>** (< ver); concordancia de tiempos, contexto
en pasado, subordinada en S.I. □ **me asaltó**: se me ocurrió
(supone una idea repentina) □ **la deseché al constatar**:
abandoné esa idea cuando constaté
en cambio: aquí, sentido adversativo; al contrario □ **percibir**:
descubrir □ **entre tanto rostro**: en medio de tantas caras
lo cruzaba: atravesaba el parque □ **bolsón**: bolsa grande para
llevar las compras
los suyos: el pronombre posesivo remite a "cigarrillos"

117

dos butacas más allá. No me miraba, pero yo me entretenía observándola. Tenía la boca más bien gruesa. Usaba un anillo grande, bastante vulgar.

Poco a poco la comencé a buscar. El día no me parecía completo sin verla. Leyendo un libro, por ejemplo, me sorprendía haciendo conjeturas acerca de la señora en vez de concentrarme en lo escrito. La colocaba en situaciones imaginarias, en medio de objetos que yo desconocía. Principié a reunir datos acerca de su
10 persona, todos carentes de importancia y significación. Le gustaba el color verde. Fumaba sólo cierta clase de cigarrillos. Ella hacía las compras para las comidas de su casa.

A veces sentía tal necesidad de verla, que abandonaba cuanto me tenía atareado para salir en su busca. Y en algunas ocasiones la encontraba. Otras no, y volvía malhumorado a encerrarme en mi cuarto, no pudiendo pensar en otra cosa durante el resto de la noche.

Una tarde salí a caminar. Antes de volver a casa,
20 cuando oscureció, me senté en el banco de una plaza. Sólo en esta ciudad existen plazas así. Pequeña y nueva, parecía un accidente en ese barrio utilitario, ni próspero ni miserable. Los árboles eran raquíticos, como si se hubieran negado a crecer, ofendidos al ser plantados en terreno tan pobre, en un sector tan opaco y anodino. En una esquina, una fuente de soda aclaraba las figuras de tres muchachos que charlaban en medio del charco de luz. Dentro de una pileta seca, que al parecer nunca se terminó de construir, había ladrillos trizados, cáscaras de
30 fruta, papeles. Las parejas apenas conversaban en los bancos, como si la fealdad de la plaza no propiciara mayor intimidad.

butacas: asientos numerados en el cine □ **más allá**: dos números más lejos □ **me entretenía**: me pasaba el tiempo □ **gruesa**: espesa ∅ **usaba**: tenía □ **anillo**: se lleva en el dedo

la comencé a buscar = comencé a buscarla

sin verla: si no la veía □ **Leyendo** < leer

(yo) me sorprendía □ **conjeturas**: suposiciones □ **acerca de**: relacionadas con □ **en vez de** = en lugar de □ **lo escrito**: en el libro que estaba leyendo □ **la colocaba**: la instalaba

desconocía: no conocía □ **Principié a...**: comencé a... □ **datos**: informaciones □ **carentes de** (< carencia); sin ...ni...

el color □ **Fumaba sólo cierta...**: solamente fumaba; no fumaba sino □ **las compras**: en plural, provisiones para la casa

A veces: de vez en cuando □ **(yo) sentía tal necesidad**

cuanto ...atareado (< tarea = trabajo): todas mis ocupaciones

Otras no: otras veces no la encontraba □ **volvía** (a casa)

malhumorado: de mal humor □ **a**: para ∅ **no pudiendo**: sin poder

oscureció: anocheció (< noche) □ **me senté** < sentarse ≠ estar de pie □ **así**: iguales; semejantes

un accidente: algo insólito □ **barrio utilitario**: de comercios y oficinas

(como si) se hubieran negado a...: como si no hubieran aceptado □ **opaco**: sin luminosidad

aclaraba: estamos al anochecer (20)

charco de luz: espacio luminoso

pileta: pila pequeña de piedra que hay en las plazas o en las iglesias □ **al parecer**: aparentemente □ **ladrillos**: de color rojo sirven para la construcción □ **pareja**: hombre y mujer

fealdad ≠ belleza □ **(como si...) no propiciara**: no fuera propicia para más intimidad; no permitiera más...

Por uno de los senderos vi avanzar a la señora, del brazo de otra mujer. Hablaban con animación, caminando lentamente. Al pasar frente a mí, oí que la señora decía con tono acongojado:

—¡Imposible!

La otra mujer pasó el brazo en torno a los hombros de la señora para consolarla. Circundando la pileta inconclusa se alejaron por otro sendero.

Inquieto, me puse de pie y eché a andar con la
10 esperanza de encontrarlas, para preguntar a la señora qué había sucedido. Pero desaparecieron por las calles en que unas cuantas personas transitaban en pos de los últimos menesteres del día.

No tuve paz la semana que siguió este encuentro. Paseaba por la ciudad con la esperanza de que la señora se cruzara en mi camino, pero no la vi. Parecía haberse extinguido, y abandoné todos mis quehaceres, porque ya no poseía la menor facultad de concentración. Necesitaba verla pasar, nada más, para saber si el dolor de
20 aquella tarde en la plaza continuaba. Frecuenté los sitios en que soliera divisarla, pensando detener a algunas personas que se me antojaban sus parientes o amigos para preguntarles por la señora. Pero no hubiera sabido por quién preguntar y los dejaba seguir. No la vi en toda esa semana.

Las semanas siguientes fueron peores. Llegué a pretextar una enfermedad para quedarme en cama y así olvidar esa presencia que llenaba mis ideas. Quizás al cabo de varios días sin salir la encontrara de pronto el
30 primer día y cuando menos lo esperara. Pero no logré resistirme, y salí después de dos días en que la señora habitó mi cuarto en todo momento. Al levantarme, me

sendero: camino estrecho (en regla general en el campo)
(del) brazo de
Al pasar: cuando pasó □ **frente a mí**: delante de mí □ **oí** < oir
≠ entender □ **acongojado**: angustiado

en torno a: alrededor de □ **los hombros**: *les épaules*
Circundando: rodeando, dando la vuelta a
inconclusa: sin terminar (119, 28,29) □ **se alejaron** < lejos
me puse de pie: antes estaba sentado □ **eché a andar**: empecé a
caminar
qué había sucedido: qué (cosa) había pasado
en que: por las cuales □ **unas cuantas**: algunas □ **transitaban en**
pos de: pasaban en busca de □ **menesteres**: necesidades
No tuve paz: no me quedé tranquilo ⊘ **siguió** < seguir
Paseaba por: caminaba sin rumbo preciso
se cruzara en: pasara por los mismos sitios que yo □ **vi** < ver
extinguido: desaparecido □ **quehaceres**: ocupaciones
la menor: la más mínima
nada más: no quería otra cosa ⊘ **el dolor**

...soliera divisarla: donde la había visto a menudo (muchas
veces) □ ... **antojaban sus parientes** (≠ padres): que me
parecían ser de su familia □ **preguntarles por**: informarme
acerca de □ **por quién** □ **los dejaba seguir**: (s. e., su camino);
no decía nada
peores ≠ mejores □ **Llegué (a pretextar)**: hasta (o incluso)
pretexté □ **enfermedad**: mal, dolencia □ **así**: de ese modo
llenaba: ocupaba □ **Quizás**: tal vez □ **al cabo de**: después de
varios ≠ pocos □ **Quizás** (+ subj.) ...**la encontrara** □ **de pronto**:
de repente, súbitamente □ **no logré**: no conseguí, no pude
resistirme: fue más fuerte el deseo, no resistí a las ganas de
verla □ **cuarto**: habitación □ **Al levantarme**: cuando me

sentí débil, físicamente mal. Aun así tomé tranvías, fui al cine, recorrí el mercado y asistí a una función de un circo de extramuros. La señora no apareció por parte alguna.

Pero después de algún tiempo la volví a ver. Me había inclinado para atar un cordón de mis zapatos y la vi pasar por la soleada acera de enfrente, llevando una gran sonrisa en la boca y un ramo de aromo en la mano, los primeros de la estación que comenzaba. Quise
10 seguirla, pero se perdió en la confusión de las calles.

Su imagen se desvaneció de mi mente después de perderle el rastro en aquella ocasión. Volví a mis amigos, conocí gente y paseé solo o acompañado por las calles. No es que la olvidara. Su presencia, más bien, parecía haberse fundido con el resto de las personas que habitan la ciudad.

Una mañana, tiempo después, desperté con la certeza de que la señora se estaba muriendo. Era domingo, y después del almuerzo salí a caminar bajo los árboles de
20 mi barrio. En un balcón una anciana tomaba el sol con sus rodillas cubiertas por un chal peludo. Una muchacha, en un prado, pintaba de rojo los muebles de jardín, alistándolos para el verano. Había poca gente, y los objetos y los ruidos se dibujaban con precisión en el aire nítido. Pero en alguna parte de la misma ciudad por la que yo caminaba, la señora iba a morir.

Regresé a casa y me instalé en mi cuarto a esperar.

Desde mi ventana vi cimbrarse en la brisa los alambres del alumbrado. La tarde ·fue madurando
30 lentamente más allá de los techos, y más allá del cerro, la luz fue gastándose más y más. Los alambres seguían vibrando, respirando. En el jardín alguien regaba el

levanté □ **débil**: flojo (≠ robusto) □ **Aun así**: a pesar de eso
recorrí: di la vuelta al mercado □ **función**: representación
de extramuros: itinerante, el circo va de una ciudad a otra □
...(por parte) alguna = por ninguna parte
algún tiempo: cierto tiempo □ **la volví a ver**: la vi de nuevo
atar: hacer un nudo, anudar
soleada < sol □ **acera de enfrente**: del otro lado de la calle
gran sonrisa < sonreír □ **ramo de aromo**: flores amarillas muy
olorosas □ **los primeros** (aromos) □ **estación**: hay cuatro en
nuestros climas
se desvaneció: desapareció, se esfumó □ **de mi mente**: aquí, de
mis pensamientos □ **perderle el rastro**: el reflexivo equivale
aquí al posesivo; perder su pista (o su huella) □ **paseé** <
pasear (121, 15) □ **No es que la olvidara**: no porque la había
olvidado

(cierto o algún) **tiempo** □ **desperté**: me levanté □ **certeza**:
certidumbre, convicción □ **muriendo** < morir
almuerzo: entre el desayuno (por la mañana) y la cena (por la
noche) ☑ **anciana**: una mujer ya mayor (≠ joven)
rodillas: (113, 24) □ **cubiertas** < cubrir □ **chal peludo** (<
pelos): mantón que suele ser de lana para abrigarse □ **pintaba
de rojo** □ **alistándolos**: preparándolos

nítido: claro, sin nubes
iba a morir
Regresé: volví
cimbrarse: ondular y vibrar
alambres: hilos eléctricos del **alumbrado** público □ **...fue
madurando**: ya empezaba a oscurecer □ **techo**: aquí, equivale a
tejado □ **cerro**: colina □ **fue gastándose más y más**: había cada
vez menos luz; anochecía □ **(seguían) vibrando**: seguir + ger.

123

pasto con una manguera. Los pájaros se aprontaban para la noche, colmando de ruido y movimiento las copas de todos los árboles que veía desde mi ventana. Rió un niño en el jardín vecino. Un perro ladró.

Instantáneamente después, cesaron todos los ruidos al mismo tiempo y se abrió un pozo de silencio en la tarde apacible. Los alambres no vibraban ya. En un barrio desconocido, la señora había muerto. Cierta casa entornaría su puerta esa noche, y arderían cirios en una

10 habitación llena de voces quedas y de consuelos. La tarde se deslizó hacia un final imperceptible, apagándose todos mis pensamientos acerca de la señora. Después me debo de haber dormido, porque no recuerdo más de esa tarde.

Al día siguiente vi en el diario que los deudos de doña Ester de Arancibia anunciaban su muerte, dando la hora de los funerales. ¿Podría ser?... Sí. Sin duda era ella.

Asistí al cementerio, siguiendo el cortejo lentamente por las avenidas largas, entre personas silenciosas que

20 conocían los rasgos y la voz de la mujer por quien sentían dolor. Después caminé un rato bajo los árboles oscuros, porque esa tarde asoleada me trajo una tranquilidad especial.

Ahora pienso en la señora sólo muy de tarde en tarde.

A veces me asalta la idea, en una esquina por ejemplo, que la escena presente no es más que reproducción de otra, vivida anteriormente. En esas ocasiones se me ocurre que voy a ver pasar a la señora,

30 cejijunta y de impermeable verde. Pero me da un poco de risa, porque yo mismo vi depositar su ataúd en el nicho, en una pared con centenares de nichos todos iguales.

pasto: hierba □ **manguera**: para regar □ **se aprontaban** <
pronto; se preparaban con anticipación □ **colmando**: llenando
copas...: las ramas y hojas de los árboles ≠ troncos
Rió < reír □ **vecino**: cercano

pozo de silencio: un silencio profundo como un pozo (de donde
se extrae agua) □ **apacible** < paz □ **no...ya** = ya no: *ne...plus*
desconocido: que yo no conocía
entornaría: cerraría a medias □ **arderían** (quemarían) **cirios**:
como en las iglesias, para marcar el acto fúnebre □ **quedas**:
apagadas; hablarían en voz baja □ **se deslizó**: pasó sin que me
diera cuenta
me debo de haber dormido: me habré dormido, probablemente
me he dormido
diario: periódico □ **deudos**: familiares, parientes □ **doña...**: la
Señora del cuento
Sin duda...: sin ninguna duda; sin duda alguna
Asistí...: estuve presente en □ **siguiendo** < seguir
largas ≠ anchas
los rasgos: la apariencia física
(el) dolor □ **rato**: momento
asoleada: con sol □ **trajo** < traer; me dio, me aportó

pienso <u>en</u> □ **muy de tarde en tarde**: muy pocas veces y cada vez
menos
A veces: de vez en cuando □ **me asalta la idea**: (117, 25), se me
ocurre que... □ **no es más que**: no es sino, sólo es

se me ocurre: "me asalta la idea que..." □ **voy** <u>a</u> **ver...**<u>a</u>
cejijunta: de cejas juntas (115, 5) □ **me da ...risa**: me entra
risa, me dan (me entran) ganas de reir □ **ataúd**: caja de
madera donde depositan al muerto antes de enterrarlo

Grammaire au fil des nouvelles

Traduisez les phrases suivantes inspirées du texte (le premier chiffre renvoie aux pages, les suivants aux lignes) :

Si je ne m'abuse, *ce fut un certain* **après-midi d'hiver** (impersonnel, pas d'indéfini devant *cierto* ; 112 - 2,3).

***J'ai l'habitude de* prendre quelque tramway** *dont* **j'ignore le trajet** (*soler* + inf., apocope, traduction de "dont" ; 112 - 6).

Je *ne repensai plus à elle* **jusqu'au soir suivant** (*pensar en* ; 114 - 23).

Il *était* **assez tard et** *j'étais fatigué* (*ser* ou *estar* ; 114 - 27,28).

Cependant, je ne doutai pas qu'il s'agissait *du sien* (pronom possessif ; 116 - 5,6).

Je la reconnus de nouveau *en la voyant* **passer (...)** *bien qu'elle ne fût* **pas vêtue comme les autres fois** (itération, *al* + inf., *aunque* + ind., *ir vestido* ; 116 - 16,17,18).

Elle *aimait la couleur* **verte** (*gustar*, genre des mots en -*or* ; 118 - 11).

Les arbres étaient rachitiques *comme s'ils avaient refusé de* **pousser** (*como si* + subj. imp. ou plus-que-parfait ; 118 - 23,24).

Je me levai et *me mis à marcher* **avec l'espoir de les rencontrer** (passé simple, *echar a* + inf., enclise ; 120 - 9,10).

J'avais besoin de la voir passer (enclise ; 120 - 18,19).

***En me levant*, je me sentis faible** (*al* + inf. ; 120,32 - 122,1).

La dame n'apparut *nulle part* (122 - 3).

Au bout de quelque temps, je *la vis de nouveau* (apocope, itération ; 122 - 5).

Je *voulus* **la suivre** (parfait fort, enclise ; 122 - 9,10).

***C'était* dimanche** (122 - 18).

Les fils *continuaient à vibrer*, **à respirer** (*seguir* + gér. ; 122 - 31,32).

Après, *j'ai dû* **m'endormir** (l'hypothèse ; 124 - 13).

C'était elle *sans aucun doute* (124 - 17).

Julio Cortázar
(Argentina)

CASA TOMADA

Nace en Bruselas (Bélgica) en 1914 y muere en París (Francia) en 1984.

A pesar de haber nacido fuera de Argentina, pasado varios años expatriado por razones políticas e incluso haber tomado la nacionalidad francesa, Cortázar es uno de los autores argentinos más representativos y más leídos.

En 1938 después de su primer poemario "Presencias" se aleja progresivamente de la poesía.

Luego publica numerosos cuentos, relatos y novelas como "Bestiario", "Final del juego", "Rayuela", "La vuelta al día en ochenta mundos", "Octaedro", "Un tal Lucas", "Queremos tanto a Glenda"...

"Casa tomada" es uno de sus primeros cuentos publicados y, según lo que ha dicho él, es la transcripción de una pesadilla. También se puede comprender como una alegoría relacionada con la Europa de los años 40. Su temática es característica de Cortázar: lo fantástico se insinúa en una realidad que se vuelve incierta e inquietante y los personajes quedan enigmáticos.

Nos gustaba la casa porque aparte de espaciosa y antigua (hoy que las casas antiguas sucumben a la más ventajosa liquidación de sus materiales) guardaba los recuerdos de nuestros bisabuelos, el abuelo paterno, nuestros padres y toda la infancia.

Nos habituamos Irene y yo a persistir solos en ella, lo que era una locura pues en esa casa podían vivir ocho personas sin estorbarse. Hacíamos la limpieza por la mañana, levantándonos a las siete, y a eso de las once 10 yo le dejaba a Irene las últimas habitaciones por repasar y me iba a la cocina. Almorzábamos a mediodía, siempre puntuales; ya no quedaba nada por hacer fuera de unos pocos platos sucios. Nos resultaba grato almorzar pensando en la casa profunda y silenciosa y cómo nos bastábamos para mantenerla limpia. A veces llegamos a creer que era ella la que no nos dejó casarnos. Irene rechazó dos pretendientes sin mayor motivo, a mí se me murió María Esther antes que llegáramos a comprometernos. Entramos en los cuarenta 20 años con la inexpresada idea de que el nuestro, simple y silencioso matrimonio de hermanos, era necesaria clausura de la genealogía asentada por los bisabuelos en nuestra casa. Nos moriríamos allí algún día, vagos y esquivos primos se quedarían con la casa y la echarían al suelo para enriquecerse con el terreno y los ladrillos; o mejor, nosotros mismos la voltearíamos justicieramente antes de que fuese demasiado tarde.

Irene era una chica nacida para no molestar a nadie. Aparte de su actividad matinal se pasaba el resto del día 30 tejiendo en el sofá de su dormitorio. No sé por qué tejía tanto, yo creo que las mujeres tejen cuando han encontrado en esa labor el gran pretexto para no hacer

(A nosotros) **nos gustaba la casa** □ **aparte de**: además de; no sólo era ...sino también... □ **sucumben...**: es más lucrativo destruirlas (**"ventajosa liquidación"**) que conservarlas

recuerdo: memoria □ **bisabuelos**: padres de los abuelos □ **abuelo paterno**: el padre del padre

Nos habituamos: nos acostumbramos (< costumbre)

locura (> loco): insensatez, extravagancia □ **pues**: causal, ya que; puesto que □ **estorbarse**: molestarse □ **limpieza** de la casa (> limpio ≠ sucio) □ **a eso de**: aproximadamente a; hacia las once □ **por repasar**: por + inf. = "à + inf."; en este caso, por limpiar □ **Almorzábamos** (> almuerzo: una de las tres comidas) □ **ya ...hacer**: ya habían terminado de limpiar la casa □ **fuera de**: excepto □ **unos pocos**: algunos □ **Nos resultaba grato** (< lat. gratus): nos era agradable, nos gustaba

nos bastábamos: éramos suficientes los dos

casarnos: ninguno de los dos ha contraído matrimonio □ **rechazó** ≠ aceptó □ **(sin mayor) motivo**: sin razón particular □ **María Esther**: de quien fue pretendiente, novio □ **antes ...comprometernos**: antes de que nos prometiéramos (decidiéramos casarnos) □ **matrimonio**: unión del hombre y de la mujer casados □ **clausura**: final □ **asentada**: asegurada

Nos moriríamos: seguramente íbamos a morir □ **algún día**: un día u otro □ **esquivos primos**: parientes más o menos lejanos que nos habían evitado hasta entonces □ **(la echarían) al suelo**: la derribarían, la destruirían □ **la voltearíamos**: (ídem), la echaríamos al suelo □ **justicieramente** (< justicia)

no molestar a nadie

Aparte de: exceptuando □ **matinal** o matutina

tejiendo < tejer (> tejido) □ **dormitorio**: habitación ☑ **No sé por qué**

esa labor: excepción a la regla; las palabras que terminan por

nada. Irene no era así, tejía cosas siempre necesarias, tricotas para el invierno, medias para mí, mañanitas y chalecos para ella. A veces tejía un chaleco y después lo destejía en un momento porque algo no le agradaba; era gracioso ver en la canastilla el montón de lana encrespada resistiéndose a perder su forma de algunas horas. Los sábados iba yo al centro a comprarle lana; Irene tenía fe en mi gusto, se complacía con los colores y nunca tuve que devolver madejas. Yo aprovechaba
10 esas salidas para dar una vuelta por las librerías y preguntar vanamente si había novedades en literatura francesa. Desde 1939 no llegaba nada valioso a la Argentina.

Pero es de la casa que me interesa hablar, de la casa y de Irene, porque yo no tengo importancia. Me pregunto qué hubiera hecho Irene sin el tejido. Uno puede releer un libro, pero cuando un pulóver está terminado no se puede repetirlo sin escándalo. Un día encontré el cajón de abajo de la cómoda de alcanfor lleno de pañoletas
20 blancas, verdes, lila. Estaban con naftalina, apiladas como en una mercería; no tuve valor de preguntarle a Irene qué pensaba hacer con ellas. No necesitábamos ganarnos la vida, todos los meses llegaba la plata de los campos y el dinero aumentaba. Pero a Irene solamente la entretenía el tejido, mostraba una destreza maravillosa y a mí se me iban las horas viéndole las manos como erizos plateados, agujas yendo y viniendo y una o dos canastillas en el suelo donde se agitaban constantemente los ovillos. Era hermoso.
30

Cómo no acordarme de la distribución de la casa. El comedor, una sala con gobelinos, la biblioteca y tres

-or son masculinas □ **así**: como esas mujeres

tricotas: galicismo evidente □ **medias**: aquí, calcetines □
mañanitas y chalecos: prendas de vestir de lana para uso
doméstico □ **en un momento**: en poco rato □ **le agradaba**: le
gustaba □ **gracioso**: divertido □ **canastilla**: cesta de mimbre,
para guardar la lana □ **encrespada** ≠ lisa □ **resistiéndose a...**:
la lana no recupera fácilmente su forma original

tenía fe en: confiaba <u>en</u> □ <u>los</u> **colores... devolver**:
me vi en la obligación de restituir □ **madeja**: hilo único de lana
que forma una bola □ **dar una vuelta por**: visitar

vanamente: en vano □ **novedades**: (< nuevo): libros recientes
nada valioso: ningún libro de calidad

<u>la</u> **Argentina**: el artículo es una excepción

es de... hablar: me interesa hablar sobre todo de la casa

Uno puede releer: uno, a + 3ª pers. traduce el *"on"* francés
cuando la acción implica al locutor □ **pulóver**: *pull-over*
repetirlo: hacerlo otra vez □ **cajón** (de la cómoda): hay varios
que suelen contener ropa □ **alcanfor**: *camphre* □ **pañoleta**:
prenda de vestir de forma triangular para cubrir las espaldas
No tu<u>v</u>e valor (= ánimo): no me atreví a ⊠ **preguntarl<u>e</u> a Irene**
qu<u>é</u>: qué cosa □ **con ellas**: s. e. las pañoletas
ganar<u>nos</u> la vida: giro reflexivo con valor posesivo □ **plata**:
(A.L.) dinero □ **el dinero**: en este caso, el capital □ **Solamente**
la entretenía: sólo la divertía □ **destreza**: habilidad
se me iban...: se me pasaban...; pasaba el tiempo mirándole las
manos □ **erizo**: *hérisson* □ **plateado** < plata ⊠ **<u>y</u>endo y v<u>i</u>niendo**
< ir y venir □ **canastillas**: (5) ⊠ **suelo** ≠ sol
ovillos: bolas de lana □ **Era hermoso**: era algo precioso

Cómo no acordarme: s. e. cómo podría... □ **distribución**:
disposición □ **comedor**: donde se come □ **gobelinos**: tapicerías

dormitorios grandes quedaban en la parte más retirada, la que mira hacia Rodríguez Peña. Solamente un pasillo con su maciza puerta de roble aislaba esa parte del ala delantera donde había un baño, la cocina, nuestros dormitorios y el living central, al cual comunicaban los dormitorios y el pasillo. Se entraba a la casa por un zaguán con mayólica, y la puerta cancel daba al living. De manera que uno entraba por el zaguán, abría la cancel y pasaba al living: tenía a los lados las puertas de
10 nuestros dormitorios, y al frente el pasillo que conducía a la parte más retirada; avanzando por el pasillo se franqueaba la puerta de roble y más allá empezaba el otro lado de la casa, o bien se podía girar a la izquierda justamente antes de la puerta y seguir por un pasillo más estrecho que llevaba a la cocina y al baño. Cuando la puerta estaba abierta advertía uno que la casa era muy grande; si no, daba la impresión de un departamento de los que se edifican ahora, apenas para moverse; Irene y yo vivíamos siempre en esta parte de la
20 casa, casi nunca íbamos más allá de la puerta de roble, salvo para hacer la limpieza, pues es increíble cómo se junta tierra en los muebles. Buenos Aires será una ciudad limpia, pero eso lo debe a sus habitantes y no a otra cosa. Hay demasiada tierra en el aire, apenas sopla una ráfaga se palpa el polvo en los mármoles de las consolas y entre los rombos de las carpetas de macramé; da trabajo sacarlo bien con plumero, vuela y se suspende en el aire, un momento después se deposita de nuevo en los muebles y los pianos.
30

Lo recordaré siempre con claridad porque fue simple y sin circunstancias inútiles. Irene estaba tejiendo en su

quedaban: estaban □ **la parte_más retirada** (alejada)
hacia: en dirección de la calle Rodriguez Peña □ **pasillo**:
corredor □ **maciza**: gruesa y sólida □ **roble**: árbol famoso por
su robustez □ **(ala) delantera**: parte de la casa que está delante
(≠ ala trasera)

zaguán: vestíbulo □ **mayólica**: cerámicas
uno entraba: (131, 16)
la (puerta) cancel
tenía (...) al frente: tenía frente a él
la parte_más retirada: no se repite el artículo con el superlativo
se franqueaba: se pasaba del otro lado de □ **allá**: más
impreciso que allí □ **girar**: doblar (cambiar de dirección)
seguir: continuar
estrecho: angosto (≠ ancho) □ **que llevaba a**: que conducía a
abierta < abrir □ **advertía uno**: se podía notar, se daba uno
cuenta □ **si no** (s. e. estaba abierta la puerta)
de los que: como esos que □ **apenas para moverse**: en los
cuales apenas hay sitio para moverse
casi nunca íbamos = no íbamos casi nunca
salvo para: excepto para □ **increíble** < creer
(cómo se) junta tierra: es increíble el polvo que hay ☒ **será**: sin
duda es □ **limpia** ≠ sucia
demasiada tierra: demasiado puede ser adjetivo □ **apenas**
sopla: basta con que sople; en cuanto sopla □ **mármol**: piedra
muy dura que se utiliza en decoración □ **rombo**: cuadrilátero
con lados de misma longitud pero sin ángulos rectos □ **da
trabajo**: cuesta trabajo; es dificultoso □ **vuela** < volar (el
polvo) □ **(se deposita) de nuevo**: se vuelve a depositar

Lo recordaré: recordaré aquella escena

dormitorio, eran las ocho de la noche y de repente se me ocurrió poner al fuego la pavita del mate. Fui por el pasillo hasta enfrentar la entornada puerta de roble, y daba la vuelta al codo que llevaba a la cocina cuando escuché algo en el comedor o la biblioteca. El sonido venía impreciso y sordo, como un volcarse de silla sobre la alfombra o un ahogado susurro de conversación. También lo oí, al mismo tiempo o un segundo después, en el fondo del pasillo que traía desde aquellas piezas
10 hasta la puerta. Me tiré contra la puerta antes de que fuera demasiado tarde, la cerré de golpe apoyando el cuerpo ; felizmente la llave estaba puesta de nuestro lado y además corrí gran cerrojo para más seguridad.

Fui a la cocina, calenté la pavita, y cuando estuve de vuelta con la bandeja del mate le dije a Irene :

—Tuve que cerrar la puerta del pasillo. Han tomado la parte del fondo.

Dejó caer el tejido y me miró con sus graves ojos cansados.

20 —¿ Estás seguro ?

Asentí.

—Entonces —dijo recogiendo las agujas— tendremos que vivir en este lado.

Yo cebaba el mate con mucho cuidado, pero ella tardó un rato en reanudar su labor. Me acuerdo que tejía un chaleco gris ; a mí me gustaba ese chaleco.

Los primeros días nos pareció penoso porque ambos habíamos dejado en la parte tomada muchas cosas que
30 queríamos. Mis libros de literatura francesa, por ejemplo, estaban todos en la biblioteca. Irene extrañaba unas carpetas, un par de pantuflas que tanto la abrigaban en

eran las ocho de la noche □ **de repente**: súbitamente

se me ocurrió: me pasó por la cabeza □ **pavita**: (Arg.)
recipiente para calentar el mate (infusión típica) □ **entornada**:
entreabierta □ **daba la vuelta**: (133, 13) giraba (yo) □ **llevaba
a**: (133, 15) □ **escuché**: en este caso, oí

venía: me llegaba □ **como un volcarse...**: el artículo substantiva
al verbo; como una caída de silla □ **ahogado susurro**: apagado
(o débil) murmullo □ **lo oí**: el sonido

que traía: que iba □ **aquellas piezas**: las del fondo (las del ala
trasera) □ **Me tiré**: me precipité

de golpe: brusca y violentamente □ **apoyando**: sosteniendo con

felizmente ≠ desgraciadamente □ **puesta** < poner

corrí gran cerrojo: cerré la puerta con dos vueltas de llave

calenté la pavita: (2) □ **estuve** (< estar) **de vuelta**: volví

bandeja del mate: el servicio para servir el mate

tuve que: debí □ **han tomado**: sujeto indeterminado

Dejó caer: soltó
cansados: fatigados

Asentí: Dije (< decir) que sí
recogiendo...: *en ramassant*

cebaba el mate: echaba el agua caliente sobre las hojas
rato: momento □ **reanudar su labor** (la labor): volver a su
tejido □ **chaleco**: *gilet*

(Durante) los primeros días □ **nos pareció penoso** (eso): alude a
la situación creada por el abandono de una parte de la casa
queríamos: apreciábamos
extrañaba: echaba de menos, le faltaban **(sus carpetas)**
que tanto la abrigaban: que le daban tanto calor

invierno. Yo sentía mi pipa de enebro y creo que Irene pensó en una botella de Hesperidina de muchos años. Con frecuencia (pero esto solamente sucedió los primeros días) cerrábamos algún cajón de las cómodas y nos mirábamos con tristeza.

—No está aquí.

Y era una cosa más de todo lo que habíamos perdido al otro lado de la casa.

Pero también tuvimos ventajas. La limpieza se
10 simplificó tanto que aun levantándose tardísimo, a las nueve y media por ejemplo, no daban las once y ya estábamos de brazos cruzados. Irene se acostumbró a ir conmigo a la cocina y ayudarme a preparar el almuerzo. Lo pensamos bien, y se decidió esto: mientras yo preparaba el almuerzo, Irene cocinaría platos para comer fríos de noche. Nos alegramos porque resulta molesto tener que abandonar los dormitorios al atardecer y ponerse a cocinar. Ahora nos bastaba con la mesa en el dormitorio de Irene y las fuentes de comida
20 fiambre.

Irene estaba contenta porque le quedaba más tiempo para tejer. Yo andaba un poco perdido a causa de los libros, pero por no afligir a mi hermana me puse a revisar la colección de estampillas de papá, y eso me sirvió para matar el tiempo. Nos divertíamos mucho, cada uno en sus cosas, casi siempre reunidos en el dormitorio de Irene que era más cómodo. A veces Irene decía:

—Fijate este punto que se me ha ocurrido. ¿No da un
30 dibujo de trébol?

Un rato después era yo el que le ponía ante los ojos un cuadradito de papel para que viese el mérito de algún

sentía (la falta de): (135, 31) □ **pipa de enebro**: *en bois de genévrier* □ **Hesperidina**: u<u>n </u>licor □ **de muchos años**: añeja **esto**: neutro, lo que dice después □ **sucedió**: ocurrió, pasó **algú<u>n</u> cajón** (131, 18): apócope delante del masculino ⊘ **nos** ≠ nosotros: (nosotros) nos mirábamos

una cosa_más

tu<u>vimos</u> (< tener) **ventajas**: sacamos beneficios de la situación **aun**: incluso ≠ aún: todavía □ **levantándose tardísimo**: si nos levantábamos muy tarde □ **no daban <u>las</u> once**: aún no eran las once (de la mañana) □ **de brazos cruzados**: sin hacer nada **conmigo**: en mi compañía (contigo, con él, etc.) □ **ayudarme a preparar**: preparar conmigo □ **se decidió esto**: decidimos lo siguiente □ **el almuerzo**: la comida de mediodía **de noche**: por la noche □ **Nos alegramos** < alegre: nos complació la decisión □ **(resulta) molesto**: es desagrable □ **al atardecer** (< tarde) ≠ al amanecer □ **nos bastaba con**: teníamos bastante con ⊘ **fuente**: plato grande de forma redonda <u>u</u> ovalada para servir la comida □ ... **fiambre**: comida fría

andaba: en este caso, me encontraba
por no afligir: aquí, "por" expresa una finalidad □ **me <u>puse</u>** < ponerse □ **revisar**: ver de nuevo □ **estampillas**: (A.L.) sellos para correo □ **me s<u>i</u>rvió para** < servir para □ **Nos divertíamos**: lo pasábamos bien, nos distraíamos
cómodo: confortable

Fíjate: mira □ ... **ocurrido**: que me ha salido □ **¿No da...?**: ¿No se parece a...? □ **trébol**: hierba de tres hojas (cuando hay cuatro, excepcionalmente, es señal de buena suerte) □ **yo el que**: era yo quien... □ **cuadrad<u>ito</u>** □ **v<u>ie</u>se** o v<u>ie</u>ra

sello de Eupen y Malmédy. Estábamos bien, y poco a
poco empezábamos a no pensar. Se puede vivir sin
pensar.

Cuando Irene soñaba en alta voz yo me desvelaba en
seguida. Nunca pude habituarme a esa voz de estatua o
papagayo, voz que viene de los sueños y no de la
garganta. Irene decía que mis sueños consistían en
grandes sacudones que a veces hacían caer el cobertor.
10 Nuestros dormitorios tenían el living de por medio, pero
de noche se escuchaba cualquier cosa en la casa. Nos
oíamos respirar, toser, presentíamos el ademán que
conduce a la llave del velador, los mutuos y frecuentes
insomnios.

Aparte de eso todo estaba callado en la casa. De día
eran los rumores domésticos, el roce metálico de las
agujas de tejer, un crujido al pasar las hojas del álbum
filatélico. La puerta de roble, creo haberlo dicho, era
maciza. En la cocina y el baño, que quedaban tocando
20 la parte tomada, nos poníamos a hablar en voz más alta
o Irene cantaba canciones de cuna. En una cocina hay
demasiado ruido de loza y vidrios para que otros
sonidos irrumpan en ella. Muy pocas veces permitíamos
allí el silencio, pero cuando tornábamos a los dormitorios y al living, entonces la casa se ponía callada y a
media luz, hasta pisábamos más despacio para no
molestarnos. (Yo creo que era por eso que de noche,
cuando Irene empezaba a soñar en alta voz, me
desvelaba en seguida.)
30

Es casi repetir lo mismo salvo las consecuencias. De
noche siento sed, y antes de acostarnos le dije a Irene

Eupen y Malmédy: dos ciudades de Bélgica que pertenecieron a Alemania hasta 1919, y entre 1940 y 1945; alusión simbólica que da un sentido al cuento. Los que, poco a poco, invaden el espacio pueden ser los nazis ya que estamos durante los años 40 (véase 130, 12) □ **me desvelaba**: me despertaba

Nunca pude (< poder) **habituarme**: no pude nunca acostumbrarme □ **papagayo**: ave de plumas multicolores que, a veces, puede imitar la voz humana □ **garganta**: donde están las cuerdas vocales □ **sacudones**: movimientos □ **el cobertor de por medio**: entre ellos

se escuchaba: se oía □ **cualquier cosa**: todo lo que pasaba

ademán: gesto

velador: lámpara encima de la mesilla □ **mutuos**

Aparte de eso: exceptuando eso □ **callado**: silencioso

los rumores □ **roce**: ruido que hacen las agujas de tejer al chocar una contra otra □ **crujido**: sonido que hacen las hojas al pasar □ **puerta de roble**: (134, 3) □ **dicho** < decir

maciza: gruesa □ **quedaban tocando**: estaban en contacto con

tomada: invadida ⊠ **hablar en voz (...) alta**

canciones de cuna (o nanas): para adormecer a los niños pequeños □ **loza**: las piezas de vajilla (platos, tazas, etc.)

irrumpan < irrumpir < irrupción □ **en ella** (la cocina)

tornábamos: regresábamos, volvíamos

se ponía: ponerse equivale a *devenir* cuando no es una transformación definitiva □ **hasta**: incluso □ **pisábamos**: andábamos □ **para no molestarnos**: para no incomodar al otro

en voz alta

en seguida: inmediatamente

salvo: excepto

sed: necesidad de beber □ **acostarnos**: ir a la cama

que iba hasta la cocina a servirme un vaso de agua. Desde la puerta del dormitorio (ella tejía) oí ruido en la cocina; tal vez en la cocina o tal vez en el baño porque el codo del pasillo apagaba el sonido. A Irene le llamó la atención mi brusca manera de detenerme, y vino a mi lado sin decir palabra. Nos quedamos escuchando los ruidos, notando claramente que eran de este lado de la puerta de roble, en la cocina y el baño, o en el pasillo mismo donde empezaba el codo casi al lado nuestro.

10   No nos miramos siquiera. Apreté el brazo de Irene y la hice correr conmigo hasta la puerta cancel, sin volvernos hacia atrás. Los ruidos se oían más fuertes pero siempre sordos, a espaldas nuestras. Cerré de un golpe la cancel y nos quedamos en el zaguán. Ahora no se oía nada.

—Han tomado esta parte —dijo Irene. El tejido le colgaba de las manos y las hebras iban hasta la cancel y se perdían debajo. Cuando vio que los ovillos habían quedado del otro lado, soltó el tejido sin mirarlo.

20   —¿Tuviste tiempo de traer alguna cosa? —le pregunté inútilmente.

—No, nada.

Estábamos con lo puesto. Me acordé de los quince mil pesos en el armario de mi dormitorio. Ya era tarde ahora.

Como me quedaba el reloj pulsera, vi que eran las once de la noche. Rodeé con mi brazo la cintura de Irene (yo creo que ella estaba llorando) y salimos así a la calle. Antes de alejarnos tuve lástima, cerré bien la
30 puerta de entrada y tiré la llave a la alcantarilla. No fuese que a algún pobre diablo se le ocurriera robar y se metiera en la casa, a esa hora y con la casa tomada.

que (yo) iba

...dormitorio: están en la habitación de Irene

tal vez: posiblemente, quizá(s) □ **sala de baño**

el codo: el ángulo que hace **el pasillo** □ **apagaba:** ahogaba
(135, 7), debilitaba □ **detenerme:** pararme ☒ **vino** < venir

sin decir palabra: sin decir nada □ **nos quedamos escuchando:**
quedarse + ger. supone duración y, aquí, atención □ **eran de:**
se situaban de...; venían de... □ **puerta de roble:** (133, 3)

No nos miramos siquiera = ni siquiera nos miramos □ **Apreté:**
> un apretón de mano (para saludarse); estrechar con fuerza

(sin) volvernos hacia atrás: sin mirar hacia atrás

a espaldas nuestras: detrás de nosotros

cancel (...) zaguán: (133, 7)

Han tomado...: la indeterminación acrecenta el misterio □ **el**
tejido... manos: lo sostenía con las agujas □ **hebras:** hilos del
tejido □ **debajo (de la puerta)** □ **vio** < ver □ **ovillos:** (131, 29)

soltó: abandonó □ **sin mirarlo**

¿Tuviste (< tener) **tiempo de...?** □ **traer** ≠ llevar

con lo puesto: no teníamos más que lo que llevábamos puesto

pesos: moneda argentina de antes (ahora es el austral) □ **Ya**
era tarde ahora: era demasiado tarde para volver atrás

me quedaba: había conservado □ **reloj pulsera:** reloj personal
que se lleva puesto en la muñeca □ **Rodeé...** < rodeo: le pasé
el brazo por la cintura □ **así:** de ese modo

alejarnos < lejos ≠ acercarnos □ **tuve lástima:** sentí piedad (o
compasión) ☒ **tiré:** dejé caer voluntariamente □ **No fuese que**
...robar: expresión preventiva que justifica la precaución; *au*
cas où; no fuese (o fuera) que tuviera la idea de robar

Grammaire au fil des nouvelles

Traduisez les phrases suivantes inspirées du texte (le premier chiffre renvoie aux pages, les suivants aux lignes) :

Nous *aimions* **la maison car non seulement elle** *était* **spacieuse et ancienne, mais elle conservait le souvenir de nos bisaïeuls** (*ser, gustar* ; 128 - 1 à 4).

Il *ne* **restait** *plus rien à faire* **en dehors de quelques assiettes sales** ("ne...plus, rien à" + inf. ; 128 - 12).

Il nous était *agréable de manger en pensant à* **la maison profonde et silencieuse** (tournures impersonnelles sans "de", gérondif, *pensar en* ; 128 - 14,15).

Je ne sais pas *pourquoi* **elle tricotait autant** (128 - 30).

Je profitais de *ces* **sorties pour visiter les librairies** (démonstratif, emploi de *por* ; 130 - 9,10).

Depuis 1939, *plus rien de valable* **n'arrivait** *en Argentine* (nada + adj., exception à la règle de l'omission de l'article devant les noms de pays ; 130 - 12).

Nous n'avions pas besoin de *gagner notre vie* (*necesitar*, le réfléchi pour exprimer le possessif ; 130 - 22,23).

Quand la porte était ouverte, *on remarquait* **que la maison était très grande** (part. passé irrég., "on" ; 132 - 16).

Je me jetai contre la porte *avant qu'il ne fût* **trop tard** (*antes de que* + subj. > concordance des temps ; 134 - 10,11).

J'allai à la cuisine, je chauffai la bouilloire et quand je revins **(...)** *je dis à Irène* (prétérits irréguliers ; 134 - 14).

J'ai dû fermer **la porte du couloir.** *On a pris* **la partie du fond** (obligation, "on" indéterminé ; 134 - 16,17).

Alors, dit-elle *en ramassant* **ses aiguilles,** *nous devrons vivre* **de ce côté-ci** (obligation, démonstratif ; 134 - 22).

J'aimais **ce gilet** (*gustar* ; 134 - 26).

On peut vivre **sans penser** (autre traduction de "on" ; 138 - 2).

Nous ne nous regardâmes *même pas* (*ni siquiera* ; 140 - 10).

Au cas où **quelque pauvre diable** *aurait eu l'idée* **de voler et de pénétrer dans la maison** (*ocurrírsele algo a uno*, emploi du subjonctif imparfait ; 140 - 31,32).

Gabriel García Márquez
(Colombia)

EL AHOGADO MÁS
HERMOSO DEL MUNDO

Nace en 1928 en Aracataca (Columbia).

Obtiene el Premio Nobel de Literatura en 1982 y es efectivamente uno de los mayores autores de lengua española. Por razones políticas se fue a vivir fuera de su país (a España, a México) pero su producción sigue centrada en una problemática colombiana.

Su obra publicada es considerable. En "Cuando era feliz e indocumentado" figuran artículos que escribió cuando era periodista. Posteriormente escribe varios libros de cuentos "Ojos de perro azul", "Los funerales de la Mamá Grande"... Luego salen las grandes novelas "Cien años de soledad", "El otoño del patriarca", "Crónica de una muerte anunciada", "El amor en los tiempos del cólera" y, últimamente, "El general en su laberinto".

"El ahogado más hermoso del mundo" fue escrito en 1968. Es uno de los cuentos más poéticos de este autor pero no le falta cierto humorismo. Es representativo de la obra de García Márquez por la unión que se establece entre una realidad prosaica y una realidad maravillosa; los personajes evolucionan en un mundo mítico en el cual todo es posible.

Los primeros niños que vieron el promontorio oscuro y sigiloso que se acercaba por el mar, se hicieron la ilusión de que era un barco enemigo. Después vieron que no llevaba banderas ni arboladura, y pensaron que fuera una ballena. Pero cuando quedó varado en la playa le quitaron los matorrales de sargazos, los filamentos de medusas y los restos de cardúmenes y naufragios que llevaba encima, y sólo entonces descubrieron que era un ahogado.

10 Habían jugado con él toda la tarde, enterrándolo y desenterrándolo en la arena, cuando alguien los vio por casualidad y dio la voz de alarma en el pueblo. Los hombres que lo cargaron hasta la casa más próxima notaron que pesaba más que todos los muertos conocidos, casi tanto como un caballo, y se dijeron que tal vez había estado demasiado tiempo a la deriva y el agua se le había metido dentro de los huesos. Cuando lo tendieron en el suelo vieron que había sido mucho más grande que todos los hombres, pues apenas si cabía en 20 la casa, pero pensaron que tal vez la facultad de seguir creciendo después de la muerte estaba en la naturaleza de ciertos ahogados. Tenía el olor del mar, y sólo la forma permitía suponer que era el cadáver de un ser humano, porque su piel estaba revestida de una coraza de rémora y de lodo.

No tuvieron que limpiarle la cara para saber que era un muerto ajeno. El pueblo tenía apenas unas veinte casas de tablas, con patios de piedras sin flores, desperdigadas en el extremo de un cabo desértico. La 30 tierra era tan escasa, que las madres andaban siempre con el temor de que el viento se llevara a los niños, y a los pocos muertos que les iban causando los años tenían

vieron < ver

sigiloso: silencioso □ **se acercaba** < cerca □ **se hicieron...**: tuvieron la ilusión

no llevaba banderas ni arboladura: no tenía pabellón ni palos (para sostener las velas) ☑ **fuera**: aquí, sería □ **quedó varado**: se enarenó < arena; llegó a la playa □ **matorrales de sargazos**: algas de zonas cálidas □ **cardumen**: banco de peces

encima (de él) □ **sólo entonces**: sólo en aquel momento

descubrieron < descubrir □ **era un ahogado**: había muerto en el mar □ **habían jugado** (los niños) □ **enterrándolo y desen-terrándolo**: enclisis con el gerundio; sacándolo de nuevo de la arena □ **por casualidad**: fortuitamente □ **voz o señal**

lo cargaron: lo llevaron a cuestas ☑ **la casa_más próxima**

notaron: observaron

tanto: adverbio pero puede ser adjetivo □ **dijeron** < decir

se le había metido... huesos: había penetrado dentro de sus huesos; a veces el reflexivo reemplaza el posesivo □ **lo tendieron** (al ahogado) ≠ lo levantaron □ **apenas si cabía en**: la casa era pequeña para él □ **Pensaron** (los hombres) □ **tal vez**: a lo mejor, quizá(s) ☑ **naturaleza**

el olor

permitía_suponer: sin "de"

coraza: armadura

rémora: pez que se fija a los objetos flotantes con una ventosa que tiene en la cabeza □ **No tuvieron que...**: no fue necesario...

muerto ajeno: que no era del pueblo □ **unas**: aproximadamente

de tablas: de madera

desperdigadas (las casas): diseminadas □ **cabo** (de Buena Esperanza, de Hornos, etc.) □ **escasa**: rara (el pueblo está rodeado de agua) ☑ **el temor**: el miedo □ **se llevara a los niños**: concordancia de tiempos □ **iban... años**: a los muertos de vejez

que tirarlos en los acantilados. Pero el mar era manso y pródigo, y todos los hombres cabían en siete botes. Así que cuando encontraron el ahogado les bastó con mirarse los unos a los otros para darse cuenta de que estaban completos.

Aquella noche no salieron a trabajar en el mar. Mientras los hombres averiguaban si no faltaba alguien en los pueblos vecinos, las mujeres se quedaron cuidando al ahogado. Le quitaron el lodo con tapones de esparto, le desenredaron del cabello los abrojos submarinos y le rasparon la rémora con fierros de desescamar pescados. A medida que lo hacían, notaron que su vegetación era de océanos remotos y de aguas profundas, y que sus ropas estaban en piltrafas, como si hubiera navegado por entre laberintos de corales. Notaron también que sobrellevaba la muerte con altivez, pues no tenía el semblante solitario de los otros ahogados del mar, ni tampoco la catadura sórdida y menesterosa de los ahogados fluviales. Pero solamente cuando acabaron de limpiarlo tuvieron conciencia de la clase de hombre que era, y entonces se quedaron sin aliento. No sólo era el más alto, el más fuerte, el más viril y el mejor armado que habían visto jamás, sino que todavía cuando lo estaban viendo no les cabía en la imaginación.

No encontraron en el pueblo una cama bastante grande para tenderlo ni una mesa bastante sólida para velarlo. No le vinieron los pantalones de fiesta de los hombres más altos, ni las camisas dominicales de los más corpulentos, ni los zapatos del mejor plantado. Fascinadas por su desproporción y su hermosura, las mujeres decidieron entonces hacerle unos pantalones con

acantilados: costa rocosa que forma un precipicio □ **manso**: tranquilo □ **cabían en siete botes**: siete barcas podían contenerlos □ **Así que**: de modo que, es una consecutiva □ **les bastó**: les fue suficiente ⊘ **los unos <u>a</u> los otros** □ **darse cuenta**: notar

no salieron: no fueron

Mientras (temporal) ≠ mientras que □ **averiguaban**: trataban de saber □ **se quedaron cuidando al**: se ocuparon del

lodo: mezcla de tierra y agua □ **tapón...**: masa de **esparto** (planta con hojas muy duras; sirve para fabricar cuerdas) □ **abrojos**: plantas espinosas □ **le rasparon**: le quitaron □ **fierros**: A.L., hierros □ **desescamar**: quitar las escamas (cubren el cuerpo de los peces) □ **remotos**: lejanos

la ropa: las prendas de vestir □ **en piltrafas**: sucias y rotas □ **como si** + subj. imp. (o p.c.p.)

sobrellevaba: soportaba □ **altivez**: orgullo

semblante: expresión de la cara

catadura: despectivo, el mal aspecto

menesterosa: mísera; necesitada

limpiar<u>lo</u> (al ahogado) □ **tuvieron con<u>c</u>iencia** (pero con<u>sc</u>iente)

clase: tipo

aliento: respiración □ **No sólo... sino que**: *non seulement... mais encore* □ **armado**: al nivel sexual □ **jamás**: en su vida

todavía: aún □ **no les cabía...**: no entraba en su imaginación

cama: para dormir

velar<u>lo</u>: pasar la noche con el cadáver (velatorio) □ **No le vinieron**: no le iban □ **los hombres_más altos** □ **dominicales**: de los domingos □ **el mejor plantado**: el que tenía los pies_más grandes □ **desproporción**: tamaño descomunal □ **hermosura**: belleza □ **decidieron... hacer<u>le</u>**: sin "de"

147

un buen pedazo de vela cangreja, y una camisa de bramante de novia, para que pudiera continuar su muerte con dignidad. Mientras cosían sentadas en círculo, contemplando el cadáver entre puntada y puntada, les parecía que el viento no había sido nunca tan tenaz ni el Caribe había estado nunca tan ansioso como aquella noche, y suponían que esos cambios tenían algo que ver con el muerto. Pensaban que si aquel hombre magnífico hubiera vivido en el pueblo, su
10 casa habría tenido las puertas más anchas, el techo más alto y el piso más firme, y el bastidor de su cama habría sido de cuadernas maestras con pernos de hierro, y su mujer habría sido la más feliz. Pensaban que habría tenido tanta autoridad que hubiera sacado los peces del mar con sólo llamarlos por sus nombres, y habría puesto tanto empeño en el trabajo que hubiera hecho brotar manantiales de entre las piedras más áridas y hubiera podido sembrar flores en los acantilados. Lo compararon en secreto con sus propios hombres,
20 pensando que no serían capaces de hacer en toda una vida lo que aquél era capaz de hacer en una noche, y terminaron por repudiarlos en el fondo de sus corazones como los seres más escuálidos y mezquinos de la tierra. Andaban extraviadas por esos dédalos de fantasía, cuando la más vieja de las mujeres, que por ser la más vieja había contemplado al ahogado con menos pasión que compasión suspiró :

—Tiene cara de llamarse Esteban.

Era verdad. A la mayoría le bastó con mirarlo otra
30 vez para comprender que no podía tener otro nombre. Las más porfiadas, que eran las más jóvenes, se mantuvieron con la ilusión de que al ponerle la ropa,

148

un buen_pedazo: un gran_trozo ☐ **vela cangreja**: *brigantine* (vela trapezoidal) ☐ **bramante**: tela de cáñamo que se puede utilizar para hacer camisas de **novias** (aquí, recien casadas)
puntada: cuando se pasa con la aguja y el hilo

tenaz: obstinado ☐ **Caribe**: o mar de las Antillas ⊘ **tan ansioso como**: tan agitado como ☐ **aquella noche**: la que siguió la aparición del ahogado ⊘ **algo que ver**
si... hubiera vivido: S.I. en la subordinada condicional
habría (o "hubiera" con valor condicional) ☐ **anchas** ≠ estrechas ☐ **el piso...**: el suelo_más sólido ☐ **bastidor**: para sostener el "somier" ☐ **cuadernas**: piezas curvas de madera que forman el casco de los barcos (la **maestra** se sitúa en la parte más ancha) sujetadas con **pernos** (tornillos)
con sólo llamarlos: traduce el giro francés *"rien qu'en* + gér."
hubiera puesto (< poner) **empeño**: se hubiera afanado (o esforzado) ☐ **... brotar manantiales**: que hubiera sacado agua de entre... ☐ **acantilados**: 147, 1
sus propios hombres: las mujeres lo comparan con sus esposos

lo que aquél (el ahogado) **...noche**: alusión sexual evidente
terminaron por repudiarlos (alude a los maridos): consecuencia de la comparación anterior ☐ **los seres_más escuálidos**: los hombres más flojos, débiles (en amor...) ☐ **extraviadas**: perdidas ☐ **por ser**: relación causal, porque era...
con menos pasión que compasión: más desde un punto de vista moral que físico
Tiene cara de...: con la cara que tiene podría llamarse...
A la mayoría (de las mujeres presentes) ☐ **les bastó con**: les fue suficiente mirarlo de nuevo
Las (mujeres) ☐ **más porfiadas**: las más obstinadas ☐ **se mantuvieron con** < mantenerse: conservaron la ilusión

tendido entre flores y con unos zapatos de charol, pudiera llamarse Lautaro. Pero fue una ilusión vana. El lienzo resultó escaso, los pantalones mal cortados y peor cosidos le quedaron estrechos, y las fuerzas ocultas de su corazón hacían saltar los botones de la camisa. Después de la media noche se adelgazaron los silbidos del viento y el mar cayó en el sopor del miércoles. El silencio acabó con las últimas dudas: era Esteban. Las mujeres que lo habían vestido, las que lo habían peinado, las que
10 le habían cortado las uñas y raspado la barba no pudieron reprimir un estremecimiento de compasión cuando tuvieron que resignarse a dejarlo tirado por los suelos. Fue entonces cuando comprendieron cuánto debió haber sido de infeliz con aquel cuerpo descomunal, si hasta después de muerto le estorbaba. Lo vieron condenado en vida a pasar de medio lado por las puertas, a descalabrarse con los travesaños, a permanecer de pie en las visitas sin saber qué hacer con sus tiernas y rosadas manos de buey de mar, mientras la
20 dueña de casa buscaba la silla más resistente y le suplicaba muerta de miedo siéntese aquí Esteban, hágame el favor, y él recostado contra las paredes, sonriendo, no se preocupe señora, así estoy bien, con los talones en carne viva y las espaldas escaldadas de tanto repetir lo mismo en todas las visitas, no se preocupe señora, así estoy bien, sólo para no pasar por la vergüenza de desbaratar la silla, y acaso sin haber sabido nunca que quienes le decían no te vayas Esteban, espérate siquiera hasta que hierva el café, eran los
30 mismos que después susurraban ya se fue el bobo grande, qué bueno, ya se fue el tonto hermoso. Esto pensaban las mujeres frente al cadáver un poco antes del

zapatos de charol (cuero barnizado muy brillante)
pudiera < poder: valor condicional, podría llamarse
el lienzo resultó escaso: no hubo suficiente tela
le quedaron estrechos: cuando se los puso

media noche ≠ mediodía □ **se adelgazaron** (< delgado): se
debilitaron □ **cayó** < caer ☑ **el sopor**: el letargo
acabó con: aplacó, calló

las uñas (de los dedos) □ **...raspado la barba**: las mujeres que lo
habían afeitado □ **pudieron** < poder □ **estremecimiento**: el
temblor □ **tirado por los suelos**: no cabía en ninguna cama
Fue entonces cuando: *"c'est alors que..."* □ **cuánto...infeliz**: lo
que había debido de sufrir □ **descomunal**: fuera de lo común
si hasta...estorbaba: si le entorpecía (le embarazaba) incluso en
la muerte □ **...condenado en vida**: lo imaginaron durante su
vida condenado a... □ **descalabrarse**: pegarse la cabeza contra
los **travesaños** (parte superior de las puertas)
tiernas: delicadas □ **buey de mar**: juego de palabras, era
enorme pero pacífico ☑ **la silla más resistente**
siéntese (sentarse) **aquí Esteban**: inclusión del estilo directo en
la narración ☑ **hágame el favor**: por favor □ **recostado**:
apoyado, adosado □ **no se...bien**: habla Esteban (lo imaginan
las mujeres cuando estaba en vida) □ **espaldas escaldadas**: las
tenía **en carne viva** (sin la piel)
sólo... vergüenza: únicamente para no sentirse humillado
al desbaratar (romper) **la silla** □ **acaso**: posiblemente
que quienes: que los que, que aquellos que □ **no te vayas** (no +
subj.) ≠ vete □ **siquiera**: aunque tan sólo sea □ **hierva** <
hervir; se ponga caliente □ **ya se fue**: por fin se fue □ **bobo**:
tonto; simplón □ **Esto**: todas estas cosas
antes del (amanecer): antes del alba

151

amanecer. Más tarde, cuando le taparon la cara con un pañuelo para que no le molestara la luz, lo vieron tan muerto para siempre, tan indefenso, tan parecido a sus hombres, que se les abrieron las primeras grietas de lágrimas en el corazón. Fue una de las más jóvenes la que empezó a sollozar. Las otras, alentándose entre sí, pasaron de los suspiros a los lamentos, y mientras más sollozaban más deseos sentían de llorar, porque el ahogado se les iba volviendo cada vez más Esteban,
10 hasta que lo lloraron tanto que fue el hombre más desvalido de la tierra, el más manso y el más servicial, el pobre Esteban. Así que cuando los hombres volvieron con la noticia de que el ahogado no era tampoco de los pueblos vecinos, ellas sintieron un vacío de júbilo entre las lágrimas.

—¡ Bendito sea Dios —suspiraron—: es nuestro !

Los hombres creyeron que aquellos aspavientos no eran más que frivolidades de mujer. Cansados de las tortuosas averiguaciones de la noche, lo único que
20 querían era quitarse de una vez el estorbo del intruso antes de que prendiera el sol bravo de aquel día árido y sin viento. Improvisaron unas angarillas con restos de trinquetes y botavaras, y las amarraron con carlingas de altura, para que resistieran el peso del cuerpo hasta los acantilados. Quisieron encadenarle a los tobillos un ancla de buque mercante para que fondeara sin tropiezos en los mares más profundos donde los peces son ciegos y los buzos se mueren de nostalgia, de manera que las malas corrientes no fueran a devolverlo
30 a la orilla, como había sucedido con otros cuerpos. Pero mientras más se apresuraban, más cosas se les ocurrían a las mujeres para perder el tiempo. Andaban como

le taparon la cara: le cubrieron la cara

pañuelo: pedazo de tela □ **para que no le molestara** = incomodara: c. d. t. □ **indefenso**: sin defensa □ **parecido**: semejante □ **se les abrieron**: el p. c. i. "les" traduce la idea de posesivo (en su corazón) □ **(grietas de) lágrimas**: heridas

sollozar: llorar con aflicción □ **alentándose entre sí**: estimulándose una a otra □ **lamento**: lamentación □ **mientras más**: cuanto más... más (giro correlativo)

se les iba ...Esteban: iba siendo cada vez más su Esteban

hasta que ...que: lo lloraron hasta el punto de hacer de él **(hombre_más) desvalido**: desamparado □ **manso**: pacífico □ **servicial** < servicio □ **Así que**: de manera que □ **volvieron**: regresaron a su pueblo □ **noticia**: información □ **no era tampoco de...**: tampoco pertenecía a □ **sintieron** < sentir □ **vacío de júbilo**: un instante de alegría

¡Bendito sea Dios...!: exclamación que expresa satisfacción y alivio □ **aspavientos**: demostraciones exageradas

averiguaciones: investigaciones □ **lo único**: la única cosa

quitarse...: acabar definitivamente con la molestia que suponía el ahogado □ **prendiera**: se encendiera □ **bravo**: feroz

angarillas: camilla para transportar heridos o muertos

trinquete: vela □ **botavara**: palo horizontal sobre el mástil; se amarran con piezas de madera huecas **(carlingas)** □ **resistieran**: soportaran □ **encadenarle**: atarle con cadena □ **tobillo**: *cheville*

buque mercante: barco de mercancías □ **fondeara**: diera (o tocara) fondo □ **sin tropiezos**: sin dificultad

ciegos: no pueden ver □ **buzo**: hombre que trabaja bajo el agua □ **no fueran a**: no tuvieran la mala idea de □ **devolverlo**: traerlo de nuevo □ **sucedido**: pasado

mientras más... más: correlación (7) □ **se les ocurrían**: les pasaban por la cabeza; se les antojaban □ **andaban**: estaban gallinas asustadas picoteando amuletos de mar en los arcones, unas estorbando aquí porque querían ponerle al ahogado los escapularios del buen viento, otras estorbando allá para abrocharle una pulsera de orientación, y al cabo de tanto quítate de ahí mujer, ponte donde no estorbes, mira que casi me haces caer sobre el difunto, a los hombres se les subieron al hígado las suspicacias y empezaron a rezongar que con qué objeto tanta ferretería de altar mayor para un forastero, si por

10 muchos estoperoles y calderetas que llevara encima se lo iban a masticar los tiburones, pero ellas seguían tripotando sus reliquias de pacotilla, llevando y trayendo, tropezando, mientras se les iba en suspiros lo que no se les iba en lágrimas, así que los hombres terminaron por despotricar que de cuándo acá semejante alboroto por un muerto al garete, un ahogado de nadie, un fiambre de mierda. Una de las mujeres, mortificada por tanta indolencia, le quitó entonces al cadáver el pañuelo de la cara, y también los hombres se quedaron

20 sin aliento.

Era Esteban. No hubo que repetirlo para que lo reconocieran. Si les hubieran dicho Sir Walter Raleigh, quizás, hasta ellos se habrían impresionado con su acento de gringo, con su guacamaya en el hombro, con su arcabuz de matar caníbales, pero Esteban solamente podía ser uno en el mundo, y allí estaba tirado como un sábalo, sin botines, con unos pantalones de sietemesino y esas uñas rocallosas que sólo podían cortarse a cuchillo. Bastó con que le quitaran el pañuelo de la cara

30 para darse cuenta de que estaba avergonzado, de que no tenía la culpa de ser tan grande, ni tan pesado ni tan hermoso, y si hubiera sabido que aquello iba a suceder

asustadas: con miedo ☐ **picoteando**: buscando nerviosamente

arcón: caja grande de madera donde se guarda ropa ☐

estorbando: dificultando el trabajo de los hombres ☐ **el buen_**

viento ☐ **abrocharle una pulsera**: ponerle un brazalete

al cabo de...: después de repetir tanto "apártate" ☐ <u>**ponte**</u> <

ponerse: inclusión del estilo directo en la narración ☐ **mira que**

casi: no ves que casi ☐ **las suspicacias**: empezaron a sospechar

algo ☐ **rezongar**: gruñir

ferretería de altar mayor: (desp.) objetos de devoción ☐

forastero: desconocido ☐ **si por muchos ...encima**: aunque

tuviera con él mucha ferretería devota ☐ **tiburones**: *requins*

trayendo < traer ☐ **tropezando**: chocando (< choque) ☐ **se les**

iba...lágrimas: y cuando (ellas) no lloraban, estaban suspirando

despotricar: hablar mal ☐ (diciendo) **que de cuándo...**: se

incluye el discurso directo en la narración sin marca distintiva;

que nunca se vio tal agitación por un muerto a la deriva **(al**

garete), frío ya **(fiambre)** ☐ **indolencia**: falta de dolor

sin aliento: sin respirar

hubo < hay

reconoci<u>eran</u>: c. de t. ☐ **Si...Raleigh**: sub. cond. en subj. p.c.p.;

Raleigh fue un explorador inglés (1552-1618)

gringo: norteamericano o extranjero blanco ☐ **guacamaya**: ave

de vistosos colores parecido al papagayo ☐ **arcabuz de (para)**:

arma de fuego antigua ☐ **...ser uno**: era único ☐ **tirado**:

tumbado en el suelo ☐ **sábalo**: pez ☐ **botines**: zapatos ☐

sietemesino: niño prematuro, los pantalones le quedan cortos

☐ **rocallosas** (roca): muy duras ☐ **Bastó con que...**: fue

suficiente retirar... ☐ **estaba avergonzado**: le daba vergüenza; se

sentía herido en su amor propio ☐ **(no) tenía la culpa**: no era

culpable de ☐ **si hubiera sabido**: de haber sabido ⊠ **suceder**:

habría buscado un lugar más discreto para ahogarse, en serio, me hubiera amarrado yo mismo un áncora de galeón en el cuello y hubiera trastabillado como quien no quiere la cosa en los acantilados, para no andar ahora estorbando con este muerto de miércoles, como ustedes dicen, para no molestar a nadie con esta porquería de fiambre que no tiene nada que ver conmigo. Había tanta verdad en su modo de estar, que hasta los hombres más suspicaces, los que sentían
10 amargas las minuciosas noches del mar temiendo que sus mujeres se cansaran de soñar con ellos para soñar con los ahogados, hasta ésos, y otros más duros, se estremecieron en los tuétanos con la sinceridad de Esteban.

Fue así como le hicieron los funerales más espléndidos que podían concebirse para un ahogado expósito. Algunas mujeres que habían ido a buscar flores en los pueblos vecinos regresaron con otras que no creían lo que les contaban, y éstas se fueron por más flores
20 cuando vieron al muerto, y llevaron más y más, hasta que hubo tantas flores y tanta gente que apenas si se podía caminar. A última hora les dolió devolverlo huérfano a las aguas, y le eligieron un padre y una madre entre los mejores, y otros se le hicieron hermanos, tíos y primos, así que a través de él todos los habitantes del pueblo terminaron por ser parientes entre sí. Algunos marineros que oyeron el llanto a la distancia perdieron la certeza del rumbo, y se supo de uno que se hizo amarrar al palo mayor, recordando antiguas
30 fábulas de sirenas. Mientras se disputaban el privilegio de llevarlo en hombros por la pendiente escarpada de los acantilados, hombres y mujeres tuvieron conciencia

pasar □ **habría** (o "hubiera", valor condicional) □ **ahogarse**: (145, 9) □ **en serio**: de verdad □ **áncora** o ancla: objeto de hierro, pesado, para inmobilizar el **galeón** (barco de vela) □ **trastabillado**: ...chocado contra los acantilados (147, 1) □ **...la cosa**: con disimulo □ **estorbando**: molestando □ **miércoles**: para no decir "mier...da" *(mer...credi)* ⊘ **no molestar a nadie porquería** < puerco (cochino) ⊘ **nada que ver**

conmigo, contigo, con él... □ **modo de estar**: manera de comportarse □ **los hombres más suspicaces** (desconfiados) **amargas** ≠ dulces □ **temiendo que**: con el miedo a que **se cansaran** de: c. de t.; ya no tuvieran ganas de ⊘ **soñar con ellos** □ **hasta ésos**: incluso esos hombres **(se) estremecieron...tuétanos**: se conmovieron en lo más profundo de su ser **Fue así como...**: giro enfático **expósito**: abandonado, sin familiares

(lo) que (aquéllas) **les contaban** □ **éstas**: pro. dem. □ **fueron por**: fueron a buscar □ **más y más**: cada vez más **hubo** < hay □ **tantas flores**: tanto es adjetivo □ **apenas si**: casi no □ **A última hora**: en el último instante □ **les dolió devolverlo**: giro afectivo; les costó restituirlo □ **huérfano**: sin padres ni familia □ **se le hicieron**: se volvieron sus hermanos (genérico: hermanos y hermanas) □ **tíos y primos**: familiares de segundo rango □ **terminaron por ser**: acabaron siendo **parientes entre sí** (unos de otros) □ **llanto** ≠ risa **la certeza del rumbo**: la dirección precisa □ **se supo** (< saberse) **de uno**: se contó la historia de uno □ **se hizo** (< hacerse) **amarrar**: pidió que lo ataran □ **...sirenas**: alusión a la Odisea **llevarlo en hombro** **tuvieron conciencia** = fueron conscientes

por primera vez de la desolación de sus calles, la aridez de sus patios, la estrechez de sus sueños, frente al esplendor y la hermosura de su ahogado. Lo soltaron sin ancla, para que volviera si quería, y cuando lo quisiera, y todos retuvieron el aliento durante la fracción de siglos que demoró la caída del cuerpo hasta el abismo. No tuvieron necesidad de mirarse los unos a los otros para darse cuenta de que ya no estaban completos, ni volverían a estarlo jamás. Pero también sabían que
10 todo sería diferente desde entonces, que sus casas iban a tener las puertas más anchas, los techos más altos, los pisos más firmes, para que el recuerdo de Esteban pudiera andar por todas partes sin tropezar con los travesaños, y que nadie se atreviera a susurrar en el futuro ya murió el bobo grande, qué lástima, ya murió el tonto hermoso, porque ellos iban a pintar las fachadas de colores alegres para eternizar la memoria de Esteban, y se iban a romper el espinazo excavando manantiales en las piedras y sembrando flores en los acantilados,
20 para que en los amaneceres de los años venturos los pasajeros de los grandes barcos despertaran sofocados por un olor de jardines en altamar, y el capitán tuviera que bajar de su alcázar con su uniforme de gala, con su astrolabio, su estrella polar y su ristra de medallas de guerra, y señalando el promontorio de rosas en el horizonte del Caribe dijera en catorce idiomas, miren allá, donde el viento es ahora tan manso que se queda a dormir debajo de las camas, allá, donde el sol brilla tanto que no saben hacia dónde girar los girasoles, sí,
30 allá, es el pueblo de Esteban.

(1968)

por primera vez □ **aridez** > árido

estrechez > estrecho ; aquí, lo reducido

el esplendor □ **hermosura** : belleza, perfección □ **Lo soltaron** : lo dejaron caer al agua □ **...volviera** : c. de t. ; regresara al pueblo □ **cuando lo quisiera** : sub. temp. en un contexto pasado = S.I. ; **...lo deseara** □ **demoró** : tardó

No tuvieron (tener) necesidad : no les fue necesario mirarse

ya no... : *ne...plus*

ni volverían a estarlo jamás : ni lo estarían nunca más

desde entonces : desde ese momento

(para que...) pudiera (< **poder**) : c. de t. □ **tropezar con** : pegarse contra □ **travesaños** : (151, 17) □ **se atreviera a** : tuviera el valor (la audacia) de □ **ya murió** : por fin... □ **qué lástima** : qué pena **...el tonto hermoso** : (véase p. 151, l. 30,31)

alegres ≠ tristes

...romper el espinazo : iban a sacrificar su salud □ **excavando manantiales** : encontrando agua entre las piedras

los amaneceres : las auroras □ **años venturos** : tiempos futuros

(para que...) despertaran : c. de t. □ **sofocados** : embriagados ; con el olfato invadido ☑ **un olor** □ **altamar** : a distancia de la costa ; mar adentro □ **alcázar** : cabina de mando en la cubierta superior de los barcos, cerca de la popa □ **ristra de medallas** : numerosas medallas

(para que...el capitán) dijera (< **decir**) ; c. de t. □ **idiomas** : lenguas □ **manso** : suave, apacible

allá : hacia aquella dirección

no saben...girasoles : que los girasoles no saben hacia qué (cuál) dirección **girar** (orientarse) □ **sí, (allá)** : sí, mirenlo bien, aquél es el pueblo de Esteban

Grammaire au fil des nouvelles

Traduisez les phrases suivantes inspirées du texte (le premier chiffre renvoie aux pages, les suivants aux lignes) :

C'est à peine s'il *tenait* dans la maison (*caber* ; 144 - 19).

Il avait *l'odeur* de la mer, et sa forme seulement permettait de supposer que *c'était* le cadavre d'un être humain (...) (genre des mots en *-or*, imparfait, *ser* ; 144 - 22,23).

Ils *n'eurent pas besoin de lui nettoyer* le visage pour savoir que c'était un mort étranger (obligation, p.c.i. ; 144 - 26,27).

De sorte que quand ils trouvèrent le noyé, *il leur suffit de se regarder* les uns les autres pour se rendre compte qu'ils étaient complets (passé simple, enclise/proclise, traduction de suffire ; 146 - 2,3,4).

Elles pensaient que *si cet homme magnifique avait vécu* au village, sa maison *aurait eu les portes les plus larges* et le *plafond le plus haut* (phrase conditionnelle, superlatif relatif sans article ; 148 - 8,9,10).

Asseyez-vous ici, Esteban, s'il vous plaît (impératif ; 150 - 21).

Ce fut une des plus jeunes *qui* commença à sangloter (tournure emphatique avec concordance des temps ; 152 - 5,6).

Dieu soit loué - soupirèrent-elles - : *il est à nous* (152 - 16).

Mais *plus* ils se pressaient, *plus* les femmes *trouvaient de choses* à faire pour perdre du temps (prop. corrélatives, *ocurrurírsele algo a uno* ; 152 - 31,32).

Il *ne fut pas nécessaire de* le répéter pour qu'ils le reconnaissent (obligation impersonnelle, c. de t. ; 154 - 21,22).

S'il avait su que pareille chose allait arriver, *il aurait cherché* un lieu plus discret pour se noyer (démonstratif, phrase conditionnelle ; 154 - 32, 156 - 1).

C'est ainsi qu'on lui fit les funérailles les plus splendides (tournure emphatique, superlatif sans article ; 156 - 15).

On lui choisit un père et une mère (...) ; d'autres habitants *devinrent* ses frères et sœurs, oncles et tantes, cousins et cousines... ("on", "devenir", masculin pluriel pour les couples ; 156 - 23,24).

Daniel Riquelme

(Chile)

EL PERRO
DEL REGIMIENTO

Nace en 1854 en Santiago de Chile y muere en Lausanne (Suiza) en 1912.

Su experiencia periodística enriquece su creación literaria y se le considera como el primer autor de cuentos modernos de Chile.

Participa en la Guerra del Pacífico que opone Chile, Perú y Bolivia (1879-1883). En 1885 publica "Chascarrillos militares", obra elaborada a partir de sus recuerdos personales adquiridos en este período. Es constituída por relatos que se conocen también con el título "Bajo la tienda".

"El perro del regimiento" forma parte de este libro y se desarrolla durante el conflicto. Aparte del aspecto histórico aparece en este cuento el personaje del "roto" que es significativo en la obra de Riquelme. En efecto, fue el primero en poner de relieve este tipo de protagonista representativo del pueblo. Al nivel literario se notan también influencias tanto del costumbrismo como del naturalismo gracias a las cuales el autor restituye con éxito un momento importante de la historia de Chile a partir de una anécdota.

Entre los actores de la batalla de Tacna y las víctimas lloradas de la de Chorrillos, debe contarse, en justicia, al perro del Coquimbo, perro abandonado y callejero, recogido un día a lo largo de una marcha por el piadoso embeleco de un soldado, en recuerdo, tal vez, de algún otro que dejó en su hogar al partir a la guerra, que en cada rancho hay un perro y cada roto cría al suyo entre sus hijos.

Imagen viva de tantos ausentes, muy pronto el aparecido
10 se atrajo el cariño de los soldados, y éstos, dándole el propio nombre de su regimiento, lo llamaron *Coquimbo* para que de ese modo fuera algo de todos y de cada uno.

Sin embargo, no pocas protestas levantaba al principio su presencia en el cuartel ; causa era de grandes alborotos y por ellos tratóse en una ocasión de *lincharlo*, después de juzgado y sentenciado en consejo general de ofendidos, pero *Coquimbo* no apareció. Se había hecho humo como en todos los casos en que presentía tormentas sobre su lomo. Porque siempre encontraba en los soldados el seguro
20 amparo que el nieto busca entre las faldas de su abuela, y sólo reaparecía, humilde y corrido, cuando todo peligro había pasado.

Se cuenta que *Coquimbo* tocó personalmente parte de la gloria que en el día memorable del Alto de la Alianza, conquistó su regimiento a las órdenes del comandante Pino Agüero, a quien pasó el mando, bajo las balas, en reemplazo de Gorostiaga. Y se cuenta también que de ese modo, en un mismo día y jornada, el jefe casual del Coquimbo y el último ser que respiraba en sus filas,
30 justificaron heroicamente el puesto que cada uno, en su esfera, había alcanzado en ellas...

Pero mejor será referir el cuento tal como pasó, a fin de

Tacna: ciudad del sur del Perú, actual frontera con Chile

lloradas por su familia □ **Chorrillos**: cerca de Lima □ **en justicia**: para ser justo □ del Regimiento **Coquimbo** □ **callejero** < calle (sin hogar) □ **recogido**: adoptado □ **a lo largo**: durante

embeleco...: lo adoptó sin que lo su<u>pieran</u> (< saber) los demás

hogar: familia

rancho: (A.L.) casa de gente humilde □ **roto**: (Chile), hombre de la clase más pobre

ausente ≠ presente □ **pronto**: rápidamente □ **aparecido** = aparición □ **se atra<u>jo</u>** < atraerse; conquistó el **cariño** (afecto)

de ese modo: así □ **fuera...**: perteneci<u>era</u> a...

Sin embargo: sentido adversativo, pero □ **al principio** (o comienzo)

cuartel: lugar en donde viven los soldados □ **alboroto**: riña; disturbio □ **tratóse...de**: enclisis lit.; fue cuestión de...

juzgado y sentenciado: condenado por decisión del consejo...

...humo: había desaparecido

tormentas: desgracias □ **sobre su lomo**: que le concernían

amparo: protección □ **nieto**: respecto a la **abuela**, el hijo de su hijo o de su hija □ **humilde** ≠ orgulloso □ **corrido**: avergonzado (< vergüenza) y arrepentido

Se cuenta (< contar): expresa una generalidad □ **tocó**: obt<u>uvo</u>

Alto de la Alianza: victoria chilena sobre Bolivia y el Perú durante la guerra del Pacífico a finales del siglo 19 □ **las órdenes** ≠ los órdenes (religiosos o militares) □ **...mando**: que recuperó la autoridad en reemplazo de **Gorostiaga** herido

jornada: aquí, circunstancia memorable □ **casual**: fortuito

ser: persona □ **sus filas** = las del Regimiento Coquimbo

alcanzado: obtenido □ **en ellas** (las filas)

referir: contar □ **a fin de que** + subj.: para que...

que nadie quede con la comezón de esos puntos y medias palabras, mayormente desde que nada hay que esconder.

Al entrar en batalla, la madrugada del 26 de mayo de 1880, el Regimiento Coquimbo no sabía a qué atenerse respecto de su segundo jefe, el comandante Pino, quien, días antes solamente de la marcha sobre Tacna, había recibido un ascenso de mayor y su nombramiento de segundo comandante. Por noble compañerismo, deseaban todos los oficiales del cuerpo que semejante honor recayera en algún
10 capitán de la propia casa, y con tales deseos esperaban, francamente, a otro. Pero el ministro de la guerra en campaña, a la sazón don Rafael Sotomayor, lo había dispuesto así.

Por tales razones, que a nadie ofendían, el comandante Pino Agüero fue, pues, recibido con reserva y frialdad en el regimiento. Sencillamente, era un desconocido para todos ellos; acaso sería también un cobarde. ¿Quién sabía lo contrario? ¿Dónde se había probado?

Así las cosas y los ánimos, despuntó con el sol la hora de
20 la batalla que iba a trocar bien luego, no sólo la ojeriza de los hombres, sino la suerte de tres naciones.

Rotos los fuegos, a los diez minutos quedaba fuera de combate, glorioso y mortalmente herido a la cabeza de su tropa, el que más tarde debía de ser el héroe feliz de Huamachuco, don Alejandro Gorostiaga.

En consecuencia, el mando correspondía —¡travesuras del destino!— al segundo jefe; por lo que el regimiento se preguntaba con verdadera ansiedad qué haría Pino Agüero como primer jefe.
30 Pero la expectación, por fortuna, duró bien poco.

Luego se vio al joven comandante salir al galope de su caballo de las filas postreras, pasar por el flanco de las

quede con la comezón: sienta impaciencia por el deseo de saber más
mayormente: sobre todo □ **nada hay que esconder**: oblig. imp., no
hay nada que ocultar □ **madrugada**: alba, amanecer □ **...a qué
atenerse**: int. ind., no sabía qué pensar
respecto de: con relación a; acerca de □ **segundo☑quien**: se emplea
en prop. explicativas separadas del antecedente por una coma
ascenso de mayor: promoción al grado de comandante mayor
compañerismo < compañero: solidaridad
oficial del cuerpo (Regimiento) □ **semejante**: tal □ **recayera en** <
recaer < caer: recompens**ara** a □ **propia casa**: del mismo
Regimiento
a la sazón: en aquel entonces; en aquel momento □ **don Rafael...**:
el don supone resp**eto** □ **...dispuesto** < disponer: lo había decidido
así □ **a nadie ofendían** = no ofendían a nadie
pues: por consiguiente □ **frialdad** < frío ≠ calor

acaso: tal vez; quizá(s) □ **cobarde** ≠ valiente □ **¿ Quién sabía...?**:
¿ Quién podía afirmar...? □ **probado**: puesto a prueba
ánimo: humor □ **despuntó...**: llegó...
trocar bien luego: cambiar muy rápidamente □ **No sólo... sino
también**: *non seulement... mais encore* □ **la suerte** (destino) □ **de tres
naciones** (Chile contra Bolivia y el Perú) □ **Roto** (< romper) **el
fuego**: empezada la batalla □ **mortalmente**: gravemente
debía de ser: habría de ser; sería
Huamachuco: victoria chilena en territorio peruano
En consecuencia: Por lo tanto; luego □ **mando**: 163, 26 □
travesuras...: ironía del destino □ **por lo que**: razón por la cual
ansiedad: angustia □ **qué haría** (< hacer)
primer jefe
expectación: espera; expectativa □ **por fortuna** = afortunadamente
luego: aquí, pronto □ **se vio** (< ver): se + 3ª pers. > sujeto
indefinido □ **postreras**: de detrás ≠ delanteras

165

unidades que lo miraban ávidamente; llegar al sitio que le señalaba su puesto, la cabeza del regimiento, y seguir más adelante todavía.

Todos se miraron entonces, ¿a dónde iba a parar?

Veinte pasos a vanguardia revolvió su corcel y desde tal punto, guante que arrojaba a la desconfianza y al valor de los suyos, ordenó el avance del regimiento, sereno como en una parada de gala, únicamente altivo y dichoso por la honra de comandar a tantos bravos.

10 La tropa, aliviada de enorme peso, y porque la audacia es aliento y contagio, lanzóse impávida detrás de su jefe; pero en el fragor de la lucha, fue inútil todo empeño de llegar a su lado.

El capitán desconocido de la víspera, el cobarde tal vez, no se dejó alcanzar por ninguno, aunque dos veces desmontado, y concluida la batalla, oficiales y subalternos, rodeando su caballo herido, lo aclamaron en un grito de admiración.

Coquimbo, por su parte, que en la vida tanto suelen
20 tocarse los extremos, había atrapado del ancho mameluco de bayeta, y así lo retuvo hasta que llegaron los nuestros, a uno de los enemigos que huía al reflejo de las bayonetas chilenas, caladas al toque pavoroso de degüello.

Y esta hazaña que Coquimbo realizó de su cuenta y riesgo, concluyó de confirmarlo el niño mimado del regimiento.

Su humilde personalidad vino a ser, en cierto modo, el símbolo vivo y querido de la personalidad de todos; de algo material del regimiento, así como la bandera lo es de ese
30 ideal de honor y de deber, que los soldados encarnan en sus frágiles pliegues.

El, por su lado, pagaba a cada uno su deuda de gratitud,

sitio: lugar; emplazamiento

(que le) señalaba: que correspondía a □ **seguir**: continuar

(más) adelante: más allá

¿a dónde iba a parar?: ¿adónde llegaría?

a vanguardia: delante ≠ retaguardia □ **revolvió su corcel**: dio la vuelta a su caballo □ **guante...**: desafío que lanzaba

los suyos: sus soldados ☑ **el avance** □ **sereno**: tranquilo

altivo: orgulloso □ **(era) dichoso**: feliz

la honra = el honor

aliviada: aligerada (< ligero)

aliento: valor; ánimo □ **lanzóse**: enclisis lit. (163, 15)

el fragor: el estruendo □ **lucha**: combate □ **empeño**: esfuerzo

desconocido □ **víspera**: el día anterior □ **cobarde...**: 165, 17

alcanzar: llegar a la misma altura □ **ninguno**: ningún soldado

desmontado (caído del caballo)

rodeando: rodear < rodeo

Coquimbo (el perro) □ **suelen** < soler + inf. = idea de frecuencia

atrapado del (o por el) □ **ancho**: amplio □ **mameluco** (A.L.): pantalón □ **de bayeta**: tela de lana □ **retuvo** < retener (había atrapado) **a uno...** □ **huía al reflejo**: se fugaba al ver relucir

calada: colocada □ **toque pavoroso** (que da miedo) **de degüello**: anuncia el cuerpo a cuerpo □ **hazaña**: proeza

...riesgo: por su iniciativa, había arriesgado la vida □ **mimado**: le trataban con mucha consideración

vino (< venir) **a ser**: supone transformación, se convirtió en

...lo es: como la **bandera** (aquí, los colores) son símbolo de

...encarnan: los soldados se representan símbolicamente ideales abstractos en los pliegues de la bandera

El: Coquimbo el perro □ **deuda** > deber (lo que debía)

con un amor sin preferencia, eternamente alegre y sumiso como cariño de perro.

Comía en todos los platos; diferenciaba el uniforme; según los rotos, hasta sabía distinguir los grados, y por un instinto de egoísmo digno de los humanos no toleraba dentro del cuartel la presencia de ningún otro perro que pudiera, con el tiempo, arrebatarle el aprecio que se había conquistado con una acción que acaso él mismo calificaba de distinguida.

10 Llegó, por fin, el día de la marcha sobre las trincheras que defendían a Lima.

Coquimbo, naturalmente, era de la gran partida. Los soldados, muy de mañana, le hicieron su tocado de batalla.

Pero el perro, cosa extraña para todos, no dio al ver los aprestos que tanto conocía, las muestras de contento que manifestaba cada vez que el regimiento salía a campaña.

No ladró ni empleó el día en sus afanosos trajines de la mayoría de las cuadras; de éstas a la cocina y de ahí a 20 husmear el aspecto de la calle, bullicioso y feliz, como un tambor de la banda.

Antes por el contrario, triste y casi gruñón, se echó desde temprano a orillas del camino, frente a la puerta del canal en que se levantaban las rucas del regimiento, como para demostrar que no se quedaría atrás y asegurarse de que tampoco sería olvidado.

¡Pobre Coquimbo!

¡Quién puede decir si no olía en el aire la sangre de sus amigos, que en el curso de breves horas iba a correr a 30 torrentes, prescindiendo del propio y cercano fin que a él le aguardaba!

sin preferencia : igual para todos
cariño : afección
diferenciaba : sabía reconocer los uniformes
rotos : (Chile), individuos
insti̲nto̲
cuartel : 163, 14 □ **ningún otro perro**
(que) pudiera (< poder) □ **arrebatarle** : quitarle ; robarle
acaso : a lo mejor ; tal vez
distinguida : gloriosa
sobre : hacia ; en dirección de

era de la gran partida : formaba parte de la gran expedición
muy de mañana : muy temprano por la mañana □ **tocado** : peinado ;
y, por extensión, arreglo
no dio (...) las muestras (señales ; marcas) □ **al ver** : cuando vi̲o̲
aprestos : preparativos □ **contento** : alegría
̲cada vez que □ **salía a̲ campaña** : salía de expedición
ladró < ladrar : sonido que emiten los perros □ **afanosos trajines** :
sus vaivenes (< ir y venir) continuos de una **cuadra** (dormitorio)
a otra □ **husmear** : olfatear (< olfato) □ **bullicioso** : animado ;
juguetón (< jugar) □ **banda** : " band " en inglés
(No ladró...) antes por lo contrario : no ladró... sino que, al
contrario, **se echó** (se acostó) □ **canal** : aquí, calle central que
divide el cuartel en dos mitades □ **ruca** : (Chile) toldo o tienda de
campaña □ **no se quedaría atrás** : quería ir de los primeros
tampoco : en giros negativos (≠ también)

olía : husmeaba (20) ☒ **l̲a̲ sangre**
(sus) amigos : los soldados □ **en el curso de...** : dentro de pocas horas
prescindiendo : haciendo caso omiso del, sin pensar e̲n̲ el...
aguardaba : esperaba

169

La noche cerró sobre Lurín, rellena de una niebla que daba al cielo y a la tierra el tinte lívido de una alborada de invierno.

Casi confundido con la franja argentada de espuma que formaban las olas fosforescentes al romperse sobre la playa, marchaba el Coquimbo cual una sierpe de metálicas escamas.

El eco de las aguas apagaba los rumores de esa marcha de gato que avanza sobre su presa.

10 Todos sabían que del silencio dependía el éxito afortunado del asalto que llevaban a las trincheras enemigas.

Y nadie hablaba y los soldados se huían para evitar el choque de las armas.

Y ni una luz, ni un reflejo de luz.

A doscientos pasos no se había visto esa sombra que, llevando en su seno todos los huracanes de la batalla, volaba, sin embargo, siniestra y callada como la misma muerte.

20 En tales condiciones, cada paso adelante era un tanto más en la cuenta de las probabilidades favorables.

Y así habían caminado ya unas cuantas horas.

Las esperanzas crecían en proporción; pero de pronto, inesperadamente, resonó en la vasta llanura el ladrido de un perro, nota agudísima que, a semejanza de la voz del clarín, puede, en el silencio de la noche, oírse a grandes distancias, sobre todo en las alturas.

—¡Coquimbo!, exclamaron los soldados.

Y suspiraron como si un hermano de armas hubiera 30 incurrido en pena de la vida.

De allí a poco, se destacó al frente de la columna la silueta de un jinete que llegaba a media rienda.

la noche cerró: anocheció; oscureció □ **rellena...**: con una **niebla** (bruma) espesa ☑ **el tinte** □ **alborada**: alba; amanecer

invierno, primavera, verano, otoño

confundido con: mezclado a □ **franja...**: la **espuma** blanca es **argentada** (o plateada) de noche □ **...al romperse**: cuando las olas (del Océano Pacífico) se deshacían □ el Regimiento **Coquimbo cual una sierpe**: como <u>una</u> serpiente □ **escamas**: que cubren su cuerpo ☑ <u>las aguas</u> ≠ <u>el</u> agua □ **apagaba** <u>los</u> **rumores**: amortiguaba los ruidos □ **presa**: víctima

éxito (afortunado): el resultado favorable

trincheras: líneas fortificadas a lo largo <u>del</u> frente

se huían: se separaban; se apartaban (o alejaban) unos de otros

<u>las armas</u> ≠ <u>el</u> arma

ni (se veía) una luz: era noche cerrada □ **reflejo** > reflejar

visto < ver □ **sombra** ≠ luz

huracanes: aquí, <u>los</u> furores

siniestra: lúgubre □ **callada**: silenciosa □ **misma**: propia

adelante: en dirección de las trincheras enemigas □ **tanto más**: punto suplementario □ **cuenta** > contar

caminado: andado □ **unas cuantas**: algunas

crecían: aumentaban □ **de pronto**: súbitamente (súbita<u> e</u> inesperadamente) □ **ladrido** > ladrar: 169, 18

agudísima: super. abs. □ **a semejanza de**: igual que □ **clarín**: instrumento de viento de **voz** (sonido) muy aguda que se usa para tocar diana por ejemplo □ **sobre todo**: particularmente

como si... hubiera incurrido: como si + S.I. o p.c.p.; como si la consecuencia de su falta fuera la **pena de la vida** (perder la vida)

De allí a poco: poco tiempo después □ **al frente de**: en cabeza de

jinete: hombre de a caballo □ **a media rienda**: sujetando

171

Reconocido con las precauciones de ordenanza, pasó a hablar con el comandante Soto, el bravo José María 2º Soto, y tras de lacónica plática, partió con igual prisa, borrándose en la niebla, a corta distancia.

Era el jinete un ayudante de campo del jefe de la 1ª División, coronel Lynch, el cual ordenaba redoblar "silencio y cuidado" por haberse descubierto avanzadas peruanas en la dirección que llevaba el Coquimbo.

A manera de palabra mágica, la nueva consigna corrió
10 de boca en oreja desde la cabeza hasta la última fila, y se continuó la marcha; pero esta vez parecía que los soldados se tragaban el aliento.

Una cuncuna no habría hecho más ruido al deslizarse sobre el tronco de árbol.

Sólo se oía el ir y venir de las olas del mar; aquí suave y manso, como haciéndose cómplice del golpe: allá violento y sonoro, donde las rocas lo dejaban sin playa.

Entre tanto, comenzaba a divisarse en el horizonte de vanguardia una mancha renegrida y profunda, que hubiese
20 hecho creer en la boca de una cueva inmensa cavada en el cielo.

Eran el Morro y el Salto del Fraile, lejanos todavía; pero ya visibles.

Hasta ahí la fortuna estaba por los nuestros; nada había que lamentar. El plan de ataque se cumplía al pie de la letra. Los soldados se estrechaban las manos en silencio, saboreando el triunfo; mas el destino había escrito en la portada de las grandes victorias que les tenía deparadas, el nombre de una víctima, cuya sangre, obscura y sin deudos,
30 pero muy amada, debía correr la primera sobre aquel campo, como ofrenda a los números adversos.

al caballo □ **precauciones de ordenanza**: tras dar la contraseña
(palabra o frase de reconocimiento) □ **2º**: comandante segundo
(después de Pino Agüero) □ **tras de**: poco usual, después de □
plática: diálogo □ **borrándose**: desapareciendo □ **niebla**: bruma
ayudante de campo o edecán (gal.)
coronel □ **redoblar** < doblar: intensificar
cuidado: precaución □ **por + inf.**: sentido causal, porque se habían
descubierto (< descubrir) □ **el (Regimiento) Coquimbo**
A manera de: como □ **corrió**: pasó
de boca en oreja

se tragaban el aliento: ni siquiera respiraban
cuncuna: *chenille* □ **no habría** o hubiera □ **al deslizarse**: al avanzar
con suavidad
Sólo se oía: no se oía sino; no se oía más que
manso: "pacífico" □ **como... golpe**: como si se hiciera (o se
volviera) cómplice de la ofensiva sorpresa
divisarse (≠ dividirse): distinguirse; columbrarse
vanguardia: delante de las primeras filas □ **mancha renegrida** (<
negra): forma oscura □ **cueva**: gruta □ **cavar** < cavidad

el Morro y el Salto del Fraile: dos fortalezas cerca de Lima

Hasta ahí: hasta ese momento □ **...los nuestros**: con nosotros; de
nuestro lado; a favor nuestro □ **lamentar**: deplorar
se estrechaban: se apretaban
saboreando < saborear < (el) sabor □ **mas**: pero
portada: primera página □ **que les tenía deparadas** a los soldados
nuestros: que les iba a conceder □ **cuya sangre** □ **deudos**:
familiares □ **correr**: verterse
los números adversos: la suerte contraria

Coquimbo ladró de nuevo, con furia y seguidamente, en ademán de lanzarse hacia las sombras.

En vano los soldados trataban de aquietarlo por todos los medios que les sugería su cariñosa angustia.

¡Todo inútil!

Coquimbo, con su finísimo oído, sentía el paso o veía en las tinieblas las avanzadas enemigas que había denunciado el coronel Lynch, y seguía ladrando, pero lo hizo allí por última vez para amigos y contrarios.

10   Un oficial se destacó del grupo que rodeaba al comandante Soto, separó dos soldados y entre los tres, a tientas, volviendo la cara, ejecutaron a Coquimbo bajo las aguas que cubrieron su agonía.

En las filas se oyó algo como uno de esos extraños sollozos que el viento arranca a las arboladuras de los bosques... y siguieron andando con una prisa rabiosa que parecía buscar el desahogo de una venganza implacable.

Y quien haya criado un perro y hecho de él un compañero y un amigo comprenderá, sin duda, la lágrima que esta

20   sencilla escena que yo cuento como puedo, arrancó a los bravos del Coquimbo, a esos rotos de corazón tan ancho y duro como la mole de piedra y bronce que iban a asaltar; pero en cuyo fondo brilla con la luz de las más dulces ternuras mujeriles de este rasgo característico:

Su piadoso amor a los animales.

ladró de nuevo: volvió a ladrar ☐ **seguidamente**: sin parar
(en) ademán de...: como si fuera a
trataban de aquietarlo (< quieto): intentaban tranquilizarlo
cariñosa: afectuosa

finísimo: superlativo absoluto ☐ **oído**, vista, olfato, gusto, tacto
tinieblas: oscuridad ☐ **avanzadas** < avanzar ☐ **denunciado**: aquí,
descubierto ☐ **seguía ladrando**: ladraba sin cesar ☑ **por última vez**:
sin artículo definido ☐ **contrarios**: enemigos
se destacó: salió ☐ **rodeaba a**: estaba alrededor de
separó...: llamó
a tientas: no veían en la oscuridad ☐ **...cara**: sin mirar ☐
ejecutaron...: lo ahogaron en el agua para no hacer ruido
se oyó: sujeto indefinido ☐ **extraños**: tan particulares
sollozo: llanto > los soldados lloran en silencio ☐ **arranca**:
provoca en ☐ **...**: estos puntos traducen la intensidad de la emoción
desahogo...: consuelo; quieren vengarse de la muerte de
Coquimbo ☐ **quien haya criado**: el que haya cuidado
lágrima: consecuencia física del sollozo
sencilla: simple ☐ **arrancó a**: 15
bravos soldados ☐ **rotos**: hombres sencillos ☐ **de corazón...**: cuyo
corazón era... ☐ **mole**: masa ☐ **iban a asaltar**
en cuyo fondo: en el fondo de su corazón (la lágrima) brilla...
ternura: dulzura (< dulce) ☐ **mujeril** < mujer ☐ **rasgo**: detalle
piadoso: ferviente; fervoroso

Grammaire au fil des nouvelles

Traduisez les phrases suivantes inspirées du texte (le premier chiffre renvoie aux pages, les suivants aux lignes) :

Ceux-ci l'appelèrent Coquimbo pour que, de cette façon, il **appartînt** un peu à tous et à chacun (pronom démons., *ser de* = appartenir ; 162 - 11,12).

Pour ces raisons, qui n'offensaient personne, le commandant Pino Agüero **fut accueilli** avec réserve et froideur (*a* devant pers. C.O.D., auxiliaire *ser* ; 164 - 14,15).

Dans *le fracas* de la lutte, tout effort pour arriver à ses côtés *se révéla* inutile (mot en -*or*, passé simple ; 166 - 12).

Son humble personnalité *devint*, d'une certaine manière, le symbole vivant et chéri de la personnalité de tous (traduction de "devenir" ; 166 - 27,28).

Lui, de son côté, payait à chacun sa dette de gratitude d'un amour sans préférence, toujours gai et soumis comme un amour de chien (166 - 32, 168 - 1,2).

Il *mangeait* à tous les plats, *différenciait* les uniformes, et *savait* même reconnaître les grades (imparfait ; 168 - 3,4).

L'écho *des eaux* étouffait *les rumeurs* de cette marche de chat qui avance sur sa proie (genre des mots ; 170 - 8,9).

Et ils soupirèrent *comme si* un frère d'armes *avait encouru* la peine de mort (*como si* + subj. ; 170 - 29,30).

On n'entendait que le va-et-vient des vagues ("on", 172 - 15).

Jusqu'alors la chance était *de notre côté* ; il n'y avait *rien à déplorer* (possessif, *nada que* + inf. ; 172 - 24).

Les soldats se serraient les mains en silence, *en savourant* le triomphe (gérondif ; 172 - 26,27).

Les soldats *essayèrent en vain de le rassurer* par tous les moyens (...) (*tratar de* + inf., enclise à l'inf. ; 176 - 3).

Coquimbo, avec son ouïe *très fine*, percevait le passage ou voyait dans les ténèbres les avancées ennemies qu'avait dénoncées le colonel Lynch (superlatif, imparfait ; 176 - 6,7).

Vocabulario

Voici près de 2000 mots ou expressions rencontrés dans les nouvelles, suivis du sens qu'ils ont dans celles-ci.

— A —

abajo dessous, en bas
abismado pétrifié
aborigen indigène, autochtone
abrasilerado apparenté au brésilien
abrazo étreinte
abrigar protéger, couvrir
abrigo pardessus
abrir ouvrir
abrochar agrafer
abrojo broussaille
abuelo grand-père
aburrir ennuyer
acá ici
acabar terminer, finir
académico académicien
acalorado en chaleur
acantilado falaise
acariciar caresser
acaso peut-être
acceder consentir
acera trottoir
acerca de au sujet de
acercar approcher
acertar parvenir
acicatear éperonner, stimuler
aclarar éclaircir, expliquer
acomodado aisé, cossu
acomodarse s'installer
acomodo arrangement, installation
acongojado angoissé, affligé
acontecer arriver, survenir, se passer
acontecimiento événement
acorazarse se protéger
acordarse se souvenir
acostar coucher
acostumbrarse s'habituer
acuerdo accord
acunado bercé
adelante en avant
adelante (en) dorénavant
adelgazar amenuiser
ademán geste
además de plus
adivinación pressentiment, intuition
adivinar deviner
adorno ornement
adquirir acquérir
advertir remarquer, observer
afanoso impatient
afecto affection, attachement
afición goût
afortunado heureux
afuera dehors
agachado incliné
agaucha(d)o devenu gaucho
agobiador accablant
agostar dessécher, brûler
agradar plaire

agradecido reconnaissant
agrado plaisir
agredir agresser
agregar ajouter
agua eau
aguante endurance, patience
aguardar attendre
agudísimo très perçant
aguja aiguille
aguzar aiguiser, stimuler
ahí là
ahogado noyé, étouffé
ahogarse se noyer
ahondar approfondir
ahora maintenant
ahora bien or
ajeno étranger
ala aile
alambre fil (électrique)
alardear afficher
alborada aube
alboroto tumulte, agitation
alborozo allégresse
alcalde maire
alcaldía mairie
alcanfor camphre
alcantarilla égout
alcanzar atteindre
alcázar gaillard d'arrière (mar.)
alegrar égayer, réjouir
alegre gai
alegría joie
alejar éloigner
alentar encourager
alfombra tapis
alforjas besace, sac
algo quelque chose
alguien quelqu'un
algún quelque, certaine
aliento haleine, souffle
alistar préparer
aliviar soulager
allá là-bas
alma âme
almacén magasin
almohada oreiller
almorzar déjeuner
almuerzo le déjeuner
alón aile
alrededor autour
altamar haute mer
altar mayor maître-autel
altercado altercation
altivez hauteur
alto haut, grand
alto (hacer) faire halte, s'arrêter
altura hauteur
alumbrado éclairé, éclairage
amanecer se réveiller, le lever du jour
amargar affliger

amargo amer
amarillento jaunâtre
amazónico amazonien
ambos les deux
amenazar menacer
amigo ami
amistad amitié
amistosamente amicalement
amontonarse s'entasser
amparo protection
ampliar amplifier, augmenter
ancho large
anciano personne âgée, vieux
ancla ancre
áncora ancre
angarillas brancard
ángel ange
angosto étroit
angustia angoisse
anillo anneau, bague
animoso courageux
anochecer tombée du jour, s'assombrir
anonimato anonymat
ansiar désirer violemment
ansiedad anxiété, désir ardent
ansioso avide, anxieux
ante devant
antemano (de) d'avance
antes avant
antojarse avoir envie de, avoir l'idée de
apacible paisible
apagar éteindre
aparecido (el) l'arrivant
aparentar sembler, faire semblant
apariar imiter
apartar écarter, mettre à part
aparte en dehors, à part
apenado peiné
apenas à peine
apero harnachement
apesadumbrar attrister
apilado empilé
apodar surnommer
apoderarse prendre possession
aposento chambre
apoyar appuyer
apoyo appui
aprecio bonne opinion
apresto préparatif
apresurar hâter, presser
apretar redoubler, serrer
aprontarse se préparer
apuro hâte, difficulté, gêne
aquel cet
aquello ceci
aquietar calmer
aras (en ... de) au nom de, en l'honneur de
árbol arbre
arboladura mâture
arcabuz arquebuse
arcón grand coffre
arder brûler
ardiente brûlant
arena sable
arenga harangue
armado monté, équipé
aromo sorte d'acacia (cassie)
arrancar arracher
arrasada en noyée de, inondée de
arrastrar traîner

arreador fouet
arrear faire avancer le bétail
arrebatar enlever
arreglar arranger
arremeter attaquer, s'en prendre à
arriba en haut, là-haut
arrodillarse s'agenouiller
arrojar jeter
arrostrar faire face, affronter
arroyo ruisseau
arrullar bercer en chantant
artesano artisan
artimaña artifice, habileté
asaltar assaillir
asalto assaut
ascender monter, être promu
aseado soigné, bien mis
asegurar assurer
asentar établir, installer
asentir acquiescer
así ainsi
asiento siège
asombrado étonné
aspavientos simagrées
áspero âpre
aspirar respirer
asuntito petite affaire
asunto affaire
asustar effrayer
atar attacher
atardecer tombée du jour
atarearse s'affairer
ataúd cercueil
atenerse s'en tenir
aterciopelado velouté
atizar attiser
atormentado tourmenté
atraer attirer
atrás en arrière
atravesar traverser
atreverse oser
atrevimiento impudence
aturdido étourdi
audiencia audience, auditoire
auge essor
aun même
aún encore
aunque bien que, même si
ausente absent
ave oiseau
aventajar surpasser, devancer
avergonzado honteux
averiguar découvrir, vérifier
ayer hier
ayuda aide
ayudar aider
azúcar sucre
azucena lis
azul bleu

— B —

babero bavoir
badulaque idiot
bajar baisser, descendre
bajo bas, sous
balazo balle
ballena baleine
banda fanfare

bandeja plateau
bandera drapeau
bañar baigner
baño salle de bains, toilettes
baraja cartes, jeu
barajar mêler, soulever
barbado barbu
barbaridad horreur
barco bateau
barrio quartier
barro terre
bastante assez
bastar suffire
bastidor cadre
bayeta flanelle
beber boire
belleza beauté
bendito béni
beso baiser
bestia bête
bicho bestiole, bête
bigote moustache
bisabuelo arrière-grand-père
blanco blanc, cible
blanqueo chaux
bobo idiot
boca bouche
boca arriba sur le dos
boleadoras lasso à boules
bollito petit pain, petite brioche
bolsa poche, bourse
bolsillo poche
bolsiquear chercher dans ses poches
bolsón cabas
boquete ouverture, trou
borracho ivre, soûl
borrar effacer
bostezar bâiller
botavara bôme (mar.)
bote canot
botica pharmacie
bramante brabante (toile de lin)
brasilero brésilien
bravo brave, féroce
brazo bras
broma plaisanterie
bronce bronze
brotar jaillir
brujo sorcier
buey de mar bœuf de mer, lamantin
bullicioso bruyant
bulto forme
buque bateau
buque mercante navire de commerce
burla moquerie, plaisanterie
burro âne
busca (en) à la recherche
buscar chercher
butaca fauteuil
buzo scaphandrier
buzón boîte aux lettres

— C —

cabal parfait
caballo cheval
cabecera tête
cabello cheveux
caber tenir, contenir

cabeza tête
cabezazo coup, oscillation de la tête
cabo bout, extrémité, cap
cábula artifice, ruse
cacho morceau
cada chaque
caer tomber
cafetal plantation de café
caída chute
cajón caisse, tiroir
calada (bayoneta) baïonnette fixée au canon
caldear chauffer
caldera bouilloire
caldereta bénitier portatif
caldo bouillon
calentar chauffer
caliente chaud
caliginosa ténébreux
callado silencieux
callar taire
calle rue
callejero de la rue, errant
callejón ruelle
calor chaleur
calzar chausser
cama lit
Cámara Chambre, Assemblée
cambiar changer
cambio changement
cambio (en) en revanche
caminar marcher, cheminer
camisa chemise
camisón chemise longue
campana cloche
campanada coup de cloche
campanario clocher
campeón champion
campero campagnard, rustique
campo champ, campagne
cana cheveu blanc
canastilla corbeille
cancel porte qui sépare l'entrée du reste de la
    maison
Cancillería Chancellerie
canción chanson
caña alcool de canne, tafia
cañoncito petit canon
capricho caprice
cara visage
cardumen banc de poissons
carente dépourvu
cargar charger, porter
cargazón pesanteur
cargo charge
cargo (hacerse) se rendre compte
Caribe Caraïbe
cariño tendresse
cariñoso tendre
carlinga carlingue
carne chair, viande
carneada sang (abattage et dépeçage)
carnear abattre et dépecer
carona tapis de selle
carpeta tapis de table
carpintero charpentier
carraspear se racler la gorge
carrera course
carruaje voiture
carta lettre

179

casa maison
casa (a ... de) chez
casa de altos maison de plusieurs étages
cáscara pelure, coquille
casco sabot
caserón grande bâtisse
casi presque
casual inattendu, inopiné
casualidad hasard
catadura air, mine
catre lit
caudillo chef
cavar creuser
cazador chasseur
cebar nourrir
cebar el mate verser l'eau bouillante sur le maté
ceja sourcil
cejijunto aux sourcils rapprochés
cenar dîner
ceniza cendre
centavo centime
cera cire
cercano proche
cerdoso hirsute
cerebro cerveau
cerrado épais, fourni
cerrar fermer
cerro colline
cerrojo verrou
certeza exactitude, certitude
cerveza bière
chaleco gilet
chambergo chapeau à large bord
chapa plaque
chaparrón averse
chapeado incrusté de plaques de métal
charco flaque
charlar bavarder, discuter
charol vernis
chica fille
china servante, indienne
chiquillo gamin
chirriar grésiller
chisporroteo grésillement
chofer chauffeur
chorrear couler, ruisseler
choza cabane
ciego aveugle
ciénaga marécage
cierto certain
cierto (por) assurément
cigarrillo cigarette
cimbrar vibrer, courber
cincuentona quinquagénaire
cinto ceinture
cintura taille
circundar faire le tour
cirio cierge
ciudad ville
clamoroso tapageur
claridad clarté
clarín clairon
claro clair, clairement
clase sorte
clausura clôture
clavar planter
cobarde lâche
cobertor dessus-de-lit
cobrar toucher, percevoir, prendre

cobre cuivre
coche voiture
cocina cuisine
codiciar convoiter
codo coude
cohete pétard, feu d'artifice
cojo boiteux
colgar pendre, suspendre
colmar remplir, combler
colocar placer
colorado coloré, rouge, bai (cheval)
comedor salle à manger
comer manger
comezón démangeaison
cómico de la legua comédien ambulant
comida nourriture, repas
compadrito poseur, frimeur
compañero compagnon
compartir partager
complacerse se faire plaisir, être heureux
comprar acheter
compras (hacer) faire des courses
comprobar vérifier, constater
comprometerse s'engager
comprometido compromis
compromiso engagement
con avec
concejal conseiller
concertar élaborer, convenir de
condecorado décoré
condenar condamner
confesar avouer
congoja angoisse, affliction
conjunto uni, mêlé, ensemble
conjura conjuration
conmigo avec moi
conmovedor émouvant
conmutar commuer, changer
conocer connaître
conquistar conquérir
conseguir obtenir
consejero conseiller
consejo conseil
consentir accepter
consuelo consolation, réconfort
contado peu
contar compter, conter
contento joie, content
contestar répondre
contrabandista contrebandier
contracción concentration, sérieux
contraer contracter, prendre
contrahecho contrefait
contrario adversaire
convencer convaincre
convertir transformer
convivir cohabiter
copa cime, verre
corazón cœur
corbata cravate
corcel cheval
cordón lacet
corral cour, enclos
correo courrier
correr courir, couler
corresponder revenir
corrido honteux
cortado coupé
corteza écorce
cortina rideau

corto court
cosa chose
cosecha récolte
coser coudre
cosita petite chose
costa côte
costar coûter
costo coût
costumbre habitude
crecer pousser, croître, grandir
creer croire
criada domestique
criar élever
criatura nourrisson
criollo créole, autochtone
cristiano chrétien
crujido crissement, craquement
crujiente plein de craquements
cruz croix
cruzar traverser, croiser
cuaderna maestra maître couple (mar.)
cuadra pâté de maisons, écurie
cuadradito petit carré
cuadro tableau
cual tel
cualquier quiconque, quelconque
cuantioso nombreux, grand
cuartel caserne
cuarto chambre
cubierto couvert
cubrir couvrir, protéger
cuchichear chuchoter
cuchillo couteau
cuello cou
cuenta compte, grain
cuenta (dar ... de) en finir avec
cuenta (darse) se rendre compte
cuerda corde
cuerpo corps
cueva grotte
cuidado soin, attention
cuidar prendre soin
culpa faute
culpar rendre responsable
cumplir accomplir
cuna berceau
cuncuna chenille
cura curé
curar soigner, guérir
curiosidad soin
curtido tanné
cuyo dont

— D —

damasco damas (tissu)
dañino nuisible
dar donner
dar con rencontrer
dato renseignement
debajo dessous
deber devoir
debido dû
débil faible
debilidad faiblesse
decididamente résolument
decir dire
dedo doigt
deducir déduire

defraudar décevoir, trahir
defunción décès
degollar égorger
degüello (toque de) sonnerie de charge à cheval
dejar laisser, abandonner
dejar de cesser
delantera avant, de devant
deleite délice, plaisir
delgada mince
delito délit
demás autre, reste
demasiado trop
demorar tarder, durer
denotar indiquer
dentro (por) à l'intérieur, dedans
deparar accorder
derecho droit
derretir fondre
desahogo soulagement
desaliento découragement
desayuno déjeuner
desbaratar briser, détruire
descabezado décapité
descalabrarse se blesser à la tête
descalzo nu-pieds
descomunal démesuré
desconfiado méfiant
desconocer ignorer
desconocido inconnu
desconsolar désoler, affliger
describir décrire
descubierto découvert
descuido négligence, inattention
desde depuis
desdén mépris
desdeñable méprisable
desdeñoso dédaigneux
desear désirer
desechar rejeter, refuser
desenredar démêler
desenvolvimiento développement
deseo désir, envie
desescamar écailler
desfallecido affaibli
desgracia malheur
deshilachado effiloché
deshonrar déshonorer
desleído délayé, pâle
deslizarse se glisser, s'enfuir
desmantelado sans meubles, à l'abandon
desmayado évanoui, épuisé
desmedido démesuré
desnudar dénuder, mettre à nu
despachar se débarrasser de, expédier, boire
despacho dépêche, magasin
despacio lentement
desperdigado éparpillé
despertador réveil
despertar réveiller, le réveil
despotricar déblatérer
desprecio mépris
desprenderse se détacher
después après
despuntar poindre
destacar détacher
destartaladamente complètement abattu
destejer détricoter
destreza adresse
desvalido infortuné

181

desvanecer dissiper, effacer
desvelarse se réveiller
desvencijar écrouler, disloquer
desventura malheur
desvío détour
detenerse s'arrêter
deuda dette
deudo proche, parent
devolver rendre, renvoyer
día jour
diana sonnerie de trompette du réveil (diane)
diariamente tous les jours
diario quotidien, journal
dibujo dessin
dicha bonheur
dichoso maudit, heureux
diente dent
diestro adroit
dieta régime
diminuto très petit
dinero argent
dirigir adresser
disculpa excuse
discurrir penser
disgustar contrarier
disminuido diminué, humilié
disparar s'abattre, se jeter
disparatado disparate
disponer disposer
distendimiento distension, allongement
dístico distique (deux vers)
divisar apercevoir
doblar tourner
doce douze
doler faire mal
dolerse s'affliger, compatir
doliente parent du défunt
doloroso douloureux
domingo dimanche
dominio domaine
donde où
dorado doré
dormido endormi
dormirse s'endormir
dormitorio chambre
dudar douter
dueño maître

— E —

echar jeter, rejeter
echar a se mettre à
edad âge
edificar bâtir
edificio bâtiment, immeuble
ejecutivo exécutif
ejemplar exemplaire
elegir choisir
elenco troupe
eliminarse se mettre à part
embargar saisir, paralyser
embargo (sin) cependant
embarque embarquement
embeleco tromperie, mensonge
embromar plaisanter
embuste mensonge
empacho gêne
empañado terni
empaque allure

empeñar engager
empeño effort
empero cependant
empezar commencer
emplazado placé
empleado employé
empresa entreprise
empujar pousser
empuñar empoigner
enamorado amoureux
encadenar enchaîner
encantar enchanter
encarnado incarnat
encender allumer, enflammer
encerrar enfermer
encima dessus
encomendar charger
encontrar rencontrer, trouver
encrespado frisé
endurecer durcir
enemigo ennemi
enemistar brouiller, fâcher
enfermedad maladie
enfermo malade
enfrentar être face à
enfrente en face
engaño erreur, tromperie
enjaretar infliger
enjaular mettre en cage
enriquecer enrichir
ensayo essai
ensuciar salir
entenado, a beau-fils, belle-fille
entender comprendre
enterarse apprendre, se rendre compte
entonces alors
entornar fermer à demi, entrouvrir
entrañable marqué, profond
entregar livrer, donner
entrelazar entrelacer
entretanto pendant ce temps
entretejer mêler, entrelacer
entretenerse se distraire, s'amuser
entrevista entrevue
envidia jalousie
envío envoi
envuelto enveloppé, impliqué
equivocación erreur
equivocarse se tromper
escala échelle
escaldado échaudé, irrité
escalón marche
escama écaille
escapulario scapulaire
escasear manquer
escasez manque, pénurie
escaso rare, peu de, étroit
esclarecer éclairer
esconder cacher, dissimuler
escribiente employé de bureau
escritorio bureau
escuálido maigre
escuchar écouter
escuela école
escuerzo crapaud
escupir cracher
esfera sphère
esfuerzo effort
espacioso spacieux
espalda dos

182

espaldarse s'adosser
esparto alfa, jonc
espejo miroir
esperar attendre, espérer
espinazo colonne vertébrale
espinoso épineux
espíritu esprit
espuma écume
esquí ski
esquina coin de rue
esquivo fuyant
establecer établir
estación saison
Estado Etat
estallar exploser, éclater
estampido détonation
estampilla timbre-poste
estancia ferme
estera natte
esto cela
estómago estomac
estoperol clou votif
estorbar gêner
estornudo éternuement
estrechar serrer
estrechez étroitesse
estrecho étroit
estrella étoile
estremecerse frémir, sursauter
estrofa strophe
estupendo formidable
exhausto sans force, exténué
éxito succès, issue
expandirse se dilater
expósito enfant abandonné
extender étendre
extinguir éteindre
extraer extraire, trouver
extramuros de l'extérieur
extrañar regretter
extrañeza étonnement
extraño étrange
extraviado égaré, perdu

— F —

fábula fable
facciones traits du visage
fachada façade
falda jupe
falla faille, défaut
fallecer décéder
falso faux
falta manque
falta (hacer) falloir, être nécessaire
faltar manquer
fantasma fantôme
farol lampadaire
farra fête, bringue
fastidiar ennuyer, importuner
fe foi
fealdad laideur
fecha date
felicidad bonheur
feliz heureux
feo laid
ferretería quincaillerie
festejar célébrer
fiambre froid, macchabée

fiera fauve
fiero cruel
fierro fer
fiesta fête
figura silhouette
fijar regarder, fixer
fijo fixé
finalizar finir
fineza prévenance
firme solide
físico médecin
fláccido flasque, mou
flaquear faiblir
flojedad faiblesse
flojera aisance
florecer prospérer
florido fleuri
fluir s'écouler
fofo flasque
fogón foyer, âtre
fomentar provoquer
fonda auberge
fondear mouiller (mar.), aller par le fond
foráneo, forastero étranger
fornido robuste
fracasar couler, échouer, rater
fragor fracas
francamente franchement
franquear franchir
franqueza franchise
fregona qui lave les sols
frente front
frente a en face de
fresco frais
frialdad froideur
frío froid
fuego feu
fuente fontaine, source, plat
fuente de soda distributeur de soda
fuera en dehors, hors
fuero interno for intérieur
fuerte fort
fuerza force
función représentation
fusilamiento exécution
fustán jupon

— G —

gajo branche
galeón galion
galera chapeau
galleta gâteau sec
gallina poule
gana envie, gré
ganar gagner
garete (al) à la dérive
garganta gorge
gasfiter vendeur de gaz
gastarse s'user, s'épuiser
gato chat
gaveta tiroir
gente gens
girar tourner
girasol tournesol
gobelinos tapisseries des Gobelins
gobierno gouvernement
goce plaisir
golpe coup

golpear frapper
gordo gros
gorrita béret de marin
gota goutte
gracioso amusant
grandeza grandeur
grasa graisse
grato agréable, plaisant
grieta fissure, ride
gringo américain (des Etats-Unis) (péj.)
gritar crier
gritería cris
grito cri
grueso épais, grossier
guacamaya perroquet, ara
guante gant
guardaespaldas garde du corps
guardia garde
guerrero guerrier
guía guide
gustar plaire
gusto goût, plaisir
gustoso avec plaisir

— H —

habido acquis, eu
hablar parler
hacer faire
hacia vers
hacienda troupeau, cheptel
halagar flatter
halagadísimo extrêmement flatté
hallar trouver
hambre faim
hasta jusqu'à
hazaña prouesse
he aquí voici
hebra aiguillée de laine
hecho fait
helado glace, glacé
herir blesser
hermano frère
hermoso beau
hermosura beauté
hervir bouillir
hierba herbe
hierro fer
hígado foie
hijo, a fils, fille
hilera rangée, file
hilvanar bâtir
hinchar enfler, gonfler
hirviente bouillant
hogar foyer
hoja feuille
holgado ample
hombrada action virile
hombre homme
hombro épaule
hondo profond
honrado honorable, honnête
hora heure
horca potence
hoy aujourd'hui
hoy por hoy actuellement
huérfano orphelin
hueso os
huir fuir

humedecido humide, mouillé
humilde humble
humo vapeur, fumée
huracán ouragan
husmear flairer

— I —

idioma langue
iglesia église
igneo enflammé, en flammes
impuesto impôt
impulsar inciter, encourager
inadvertido inaperçu
inagotable inépuisable
incapaz incapable
incienso encens
incluso même
incognoscible perdu, méconnaissable
inconcluso inachevé
inconfesado inavoué
incorporarse se redresser
incorporación redressement
increíble incroyable
incurrir encourir, être passible
indagar rechercher, faire des recherches
indefenso sans défense, désarmé
indispuesto indisposé
inesperadamente de façon inattendue
infancia enfance
infeliz malheureux
iniciar commencer
innecesario inutile
inolvidable inoubliable
intentar essayer
internarse s'enfoncer
intrincado enchevêtré
invadir envahir
inverosímil invraisemblable
invierno hiver
ir aller
irracional animal, bête
izquierda gauche

— J —

jabalí sanglier
jardinería jardinage
jarra broc
jefe chef
jinete cavalier
jinetear dompter les chevaux
jornada journée de travail, distance parcourue en une journée
joven jeune
júbilo allégresse
judío juif
juego jeu
juez juge
jugar jouer
juguete jouet
juicio jugement, raison
juntar joindre, rejoindre
junto a près de
juntos ensemble
juzgado jugé

184

labio lèvre
laborioso travailleur
ladera pente
lado côté
ladrar aboyer
ladrido aboiement
ladrillo brique
lágrima larme
lamentar déplorer
lamento lamentation
lana laine
languidecer languir
lanudo laineux
largo long
lástima pitié
lastimoso pitoyable
lata bidon
latón laiton
laureado couronné de laurier
lazo lasso
leal loyal
lecho lit
leer lire
lejano lointain
lejos loin
letrero enseigne
levantar lever, soulever
leve bénin, léger
ley loi
librar libérer
licencia autorisation
lienzo toile
ligero léger
limón citron
limpiar nettoyer
limpieza ménage
limpio propre, net
lindero limitrophe
lindo joli
línea ligne
lirio iris
liviano léger
llama flamme
llamado appel
llamar appeler
llanto pleurs
llanura plaine
llave clef
llegar arriver
llenar remplir
llevar porter
llorar pleurer
llover pleuvoir
lluvia pluie
lluvioso pluvieux
loco fou
locura folie
lodo boue
lograr obtenir, parvenir
loma colline
lomo dos
lontananza le lointain
loza faïence
lucha lutte
lucir arborer
luego ensuite
luego (tan) en outre
lugar lieu, place

luna glace
luz lumière

macizo massif
madeja écheveau
madera bois
madre mère
madrugada aube
madrugar se lever très tôt
madurar mûrir
maestro maître
maleza broussaille
malo mauvais
mameluco pantalon bouffant
manantial source
mancha tache
mandar ordonner, commander, envoyer
mandato ordre
mando commandement
manejar manier
manguera tuyau d'arrosage
maniobra manœuvre
mano main
manso calme, pacifique
mañana matin, demain
mañanita liseuse
maquinar machiner
mar mer
maravilla sujet d'émerveillement
maravilloso merveilleux
maremoto raz de marée
margen marge
mármol marbre
mas mais
más plus
más allá au-delà
matar tuer
mate infusion de feuilles de maté
matorral buisson
matrimonio mariage, ménage
mayólica faïence italienne
mayor plus grand
mayoría majorité
medianoche minuit
medias bas, chaussettes
médico médecin
medida mesure
medio demi, moitié, milieu
mediodía midi
medir mesurer
mejor mieux, meilleur
menester nécessité, occupation
menesteroso nécessiteux
menor moindre
menos moins
mente esprit
menudo petit
mercado marché
merecedor méritant
merecer mériter
meridiano de midi
mero simple, seul
mesa table
mezclar mêler, mélanger
mezquino étroit, indigent
miedo peur
miedoso peureux

mientras pendant que
mientras tanto pendant ce temps
miércoles mercredi
milagro miracle
milonga chanson et danse populaire (Arg.)
mimado gâté
mirada regard
mirar regarder
misa messe
misa de gallo messe de minuit
mísero misérable, miséreux
mismo même
mitad moitié
mitigar adoucir, tempérer
mocetón grand gaillard
modo façon
modo (a ... de) en guise de
mojado mouillé
mole masse
molestar ennuyer, déranger
molesto mal à l'aise, désagréable
mona jolie
moneda pièce de monnaie
mono singe
moreno brun
mortuorio mortuaire
mosca mouche
moscardón grosse mouche
mostrar montrer
motivo motif, raison
mover bouger, mouvoir, pousser
muchacha jeune fille
muchacho garçon
mucho beaucoup
mueca grimace
muerte (la) mort
muerto (le) mort
muestra signe, preuve
mujer femme
mujeril féminin
multitudinario innombrable
muñeca poignet
musitar marmotter
mutuo mutuel
muy très

— N —

nacer naître
nada rien
nadie personne
nariz nez
nativo natif, indigène
naturales natifs
Navidad Noël
necesitar avoir besoin
negar nier, refuser
negocio affaire
negruzco noirâtre
nicho niche (dans un mur)
niebla brume
nieto petit-fils
nimio insignifiant
ninguno aucun
niño enfant
niño mimado enfant gâté
noche nuit, soir
Nochebuena nuit de Noël
nombre prénom, nom

notable remarquable
notar remarquer
noticia nouvelle
novedad nouveauté
noventa quatre-vingt-dix
novio fiancé, marié
nube nuage
nuevo nouveau
número numéro, nombre
numeroso nombreux
nunca jamais

— O —

obedecer obéir
objetar objecter
obsequiar offrir
obstante (no) cependant
ochenta quatre-vingts
ocho huit
ocultar cacher
ocurrir arriver, survenir
ocurrírsele a uno avoir l'idée
odio haine
ofender offenser
oficial officier
oficina bureau
ofrecer offrir
oído ouïe
oír entendre, écouter
ojera cerne
ojeriza animosité
ojillos petits yeux
ojo œil
ola vague
oler sentir
olor odeur
olvidar oublier
opinar penser
opuesto opposé
orar prier
ordenanza règlement militaire
oreja oreille
orgullo orgueil
orilla bord, rivage
oro or
orquestado orchestré
oscurecer faire nuit
oscuro sombre, obscurité
ostentar montrer
ostra huître
oveja mouton, brebis
overol salopette
ovillo pelote

— P —

padre père
padres parents
pagar payer
paisano compatriote, paysan
paja paille
pájaro oiseau
palabra mot, parole
palangana cuvette
palo bout de bois
pálpito pressentiment
pampeano de la pampa

pan pain
panza panse, ventre
pañoleta fichu
pañuelo foulard, mouchoir
papada double menton
papagayo perroquet
papel papier
par paire
paraguas parapluie
parecer paraître, sembler
pared mur
paredón poteau d'exécution
párpado paupière
parroquia paroisse
partida départ, lot, chargement
partidario partisan
parva grain
pasajero passager
pasar passer, arriver
pasear se promener
pasillo couloir
pasmado stupéfait
paso pas, démarche
pasto gazon
paterno paternel
patio cour
pavita petite bouilloire
pavoroso épouvantable
pecado péché
pecaminoso coupable, condamnable
pecar pécher
pechazo coup d'"épaule"
pecho poitrine
pedazo morceau
pedir demander
peinar peigner
peleador combatif
pelear lutter
peligro danger
pelo poil, cheveux
peludo poilu, avec de longs poils
penar punir, condamner
pendenciero batailleur, bagarreur
penoso pénible
pensionista pensionnaire
peón ouvrier agricole
peor pire
pequeño petit
percibir percevoir
perdurar subsister
periodista journaliste
permanecer rester
permiso autorisation
pero mais
perorata discours
perro chien
pertenecer appartenir
pesado pesant
pesar (a ... de) malgré
petiso petit, trapu
piadoso pieux
picadero manège (équitation)
pie pied
pie (de) debout
piedad pitié
piedra pierre
piel peau
pileta petit bassin
pintar peindre
pisar marcher sur

pitanza salaire
plantón attente
plata argent
plateado argenté
platita un peu d'argent
plato assiette
playa plage
plazo délai
pliegue pli
plomizo de plomb
plomo plomb
plumero plumeau
población population
pobre pauvre
pobreza pauvreté
poco peu
poder pouvoir
polvo poussière
polvoriento poussiéreux
ponderar examiner
poner poser, mettre
poniente couchant, ouest
porquería cochonnerie
portada frontispice
porteño habitant de Buenos Aires
pos (en ... de) en quête de, après
poseer posséder
postre dessert
postrero arrière
potencia puissance
pozo puits
prado pré
predisponer prédisposer
preguntar demander
prejuicio préjugé
prender allumer
presa proie
prescindir faire abstraction
presenciar assister à
prestar prêter
prever prévoir
previo préalable
primavera printemps
primo cousin
principiar commencer
principio début
prisa hâte
probar prouver
procesar traîner en justice
prohibir interdire
pronto vite, rapidement
propiciar rendre propice
propio caractéristique
proponer proposer
proporcionar fournir
prorrumpir pousser un cri
proseguir poursuivre
protesta protestation
prueba épreuve
puchos (a) par moments, par à-coups
pudiente riche
pueblo village, peuple
puente pont
pues eh bien, donc
puesto poste, endroit
pugnar lutter
pujar lutter, pousser
pulir polir, orner
pulseada bras de fer
punta pointe, extrémité

puntillas (de) sur la pointe des pieds
punto point
puñalada coup de poignard

— Q —

quebrado cassé, brisé
queda (voz) voix basse
quedar rester
quehacer occupation, travail
quejar plaindre
querer vouloir, aimer
quiebra faillite
quien qui
quitar enlever

— R —

rabioso rageur
radial radiodiffusé
ráfaga rafale
ralear éclaircir, alléger
rama branche
ramo bouquet
rancho "ranch", maison rustique
rapidez rapidité
raquítico rachitique
raro étrange, bizarre
rasgo trait
rasguear jouer (gratter) sur sa guitare
raso satin
rastro trace
rasurado rasé
rato moment
rayo éclair
reanudar recommencer, reprendre
rebajar rabaisser
recado sorte de tapis de selle rembourré
recato réserve, modestie
rechazar rejeter
recibir recevoir
reciedumbre vigueur
recién récent, récemment
reclinado appuyé, penché
recluta conscrit
recoger reprendre, ramasser, recueillir
recogido tension, concentration
recolección récolte
reconocer reconnaître
reconocido reconnaissant
reconvención reproche
recordación souvenir, remémoration
recordar rappeler
recorrer parcourir
recorrido parcours
recortar raccourcir
recto droit
recuerdo souvenir
redoblar redoubler
redondel rond, cercle
reducido réduit
refinado raffiné
reflejo reflet
refrescar rafraîchir
refresco rafraîchissement
regalar faire cadeau de
regar arroser, irriguer
regocijo joie

regresar revenir, retourner
regular habituel, moyennement
reja grille
relleno rempli
reloj montre, horloge
reloj pulsera montre-bracelet
reluciente brillant
relumbrar briller
remangado retroussé
remedio remède, solution
remitir remettre
remolino tourbillon
remordimiento remords
remoto lointain
remover agiter, remuer
rencor rancœur
rencoroso rancunier
renegrido noirâtre
renglón ligne
reno renne
repente (de) soudain
repentino subit, brusque
repleto bourré
reponer répondre
reposado tranquille
resbalar glisser
resero marchand ou convoyeur de bétail
respecto de par rapport à
resueltamente résolument
revista revue
revolotear voltiger
rezar prier
rezo prière
rienda (a media) au petit galop
rienda suelta libre cours
riesgo risque
riqueza richesse
ristra chapelet
roble chêne
roce frottement
rodar rouler
rodear entourer
rodilla genou
rogar prier
rojizo rougeâtre
rojo rouge, roux
rombo losange
romper briser, casser
romper a commencer à, se mettre à
roncar ronfler
ronco rauque
ropa vêtement, linge
rosado rose (couleur)
rosal rosier
rosario rosaire, chapelet
rostro visage
roto homme du peuple (Chili)
rotundo rond, retentissant
ruca tente de campagne
rueda réunion, cercle
ruego prière
ruido bruit
rumbo cap
rumbo a en direction de
rumboso généreux

188

sábado samedi
sábalo alose (poisson)
sábana drap
saber savoir
sabor saveur, goût
saborear savourer
sacar sortir, tirer, retirer
saco blouse
sacudida secousse
sacudir secouer
sagrado sacré
salida sortie
salir sortir, partir
saltar sauter
salto saut
salud santé
saludar saluer
salvaguarda sauvegarde
salvar sauver
salvo sauf, excepté
sangre sang
sangriento sanglant
santiguar faire le signe de la croix
sapo crapaud
sargazo sargasse (herbe flottante)
sastre tailleur
satisfecho satisfait
sazón (a la) à ce moment-là
sebo suif, graisse
seca sécheresse
sed soif
seda soie
sediento assoiffé
seguida (en) tout de suite
seguido suivi, rapproché
seguir suivre, continuer
seguir adelante poursuivre son chemin
según suivant, d'après, selon
seguro sûr
sello timbre
selva forêt
semblante visage, mine
sembrar semer
semejante semblable, tel
semejanza ressemblance
semilla graine
sencillo simple
sendero sentier, chemin
sentar asseoir
sentenciado condamné
sentir sentir, regretter
seña signe
señalar montrer
señora madame, dame, femme
ser être
serenísima extrêmement sereine
serio sérieux, grave
serio (en) sérieusement
servicial serviable
servir rendre service
sesenta soixante
sestear sommeiller
siempre toujours
sierpe serpent
sietemesino prématuré
sigiloso discret, secret
siglo siècle
siguiente suivant

silbar siffler
silbato sifflet
silbido sifflement
silla chaise
sin sans
sincerarse s'ouvrir, se confier
sino mais
siquiera (ni) même pas
sirviente serviteur
sismo séisme
sitio endroit
soberbia orgueil
sobre sur
sobrellevar supporter
sobrenatural surnaturel
sobreponerse se reprendre, se dominer
sobresalto sursaut
sobretodo pardessus
sobrino neveu
socavar miner, saper
sol soleil
solas (a) tout seul
soldadito petit soldat
soleado ensoleillé
soler avoir l'habitude de
solicitar demander
solícito empressé
sollozar sangloter
sólo seulement
soltar lâcher
soltura aisance
sombra ombre
sombrero chapeau
sometido soumis
sonar faire un bruit, sonner
sonido son
sonreír sourire
sonriendo, sonriente souriant
sonrisa sourire
soñar rêver, dormir
sopa soupe
soplar souffler
sopor somnolence
sordo sourd
sorpresa surprise
sostenido soutenu
suave doux
subido relevé
subir monter
subrayar souligner
suburbio faubourg
suceder survenir, arriver
sucio sale
sucumbir succomber
sudar suer, transpirer
suelo sol
sueño rêve, sommeil
suerte sort, sorte
sujetar attacher, immobiliser
suma somme
sumamente extrêmement
suponer supposer
supuesto (por) bien entendu
sur sud
surqui voiture à deux roues
suspicacia soupçon
suspicaz méfiant, soupçonneux
suspiro soupir
suyo à lui

tabla planche
tal tel
tal vez peut-être
talero cravache
taller atelier
tamaño (n.c.) taille ; (adj.) très grand
tambalear chanceler
también aussi
tampoco non plus
tan si, tant, tellement
tanto tellement
tapar couvrir, cacher
tapón tampon
tarde après-midi, tard
tarea travail, tâche
taza tasse
té thé
techo toit
técnico technicien
tejado toit
tejer tisser, tricoter
tejido tricot, tissu
tela tissu
telaraña toile d'araignée
temblequear trembloter
tembloroso tremblant
temeroso craignant, craintif
temple trempe
temprano tôt
temer avoir peur, craindre
temor crainte
tender étendre
tener avoir
tener que devoir
teniente coronel lieutenant-colonel
tenso tendu
tercero troisième, tiers
terciopelo velours
término terme
ternura tendresse
terrenal terrestre
tesoro trésor
tía tante
tiburón requin
tientas (a) à tâtons
tierno tendre
timbre sonnette
tinaja jarre
tiniebla ténèbre
tío oncle
tirado allongé
tiranuelo tyranneau
tirar jeter
tiro de gracia coup de grâce
tiroteo échange de coups de feu, fusillade
título titre
tobillo cheville
tocado coiffure
tocar toucher
todavía encore
todopoderoso tout-puissant
tomar prendre
tonto idiot
toque sonnerie
tormenta tempête, orage
tormentoso orageux
torvo terrible, effrayant
tos toux

toser tousser
traba obstacle, entrave
trabajo travail
trabajoso laborieux
traer apporter, amener
tragar avaler
traicionar trahir
traje costume, vêtement, robe
trajines allées et venues
tranquera barrière
tranvía tramway
trapo chiffon
tras derrière, après
trasero arrière, derrière
traslación déplacement, transfert
trastabillar trébucher
tratar traiter, essayer
tratarse de s'agir de
travesaño traverse, poutre, linteau
travesía traversée
travesura diablerie
trébol trèfle
tregua trêve
tremendo terrible, énorme
tren train
trenza tresse, natte
trepar grimper
trinchera tranchée
trinquete mât de misaine
trivial banal, insignifiant
trizado en morceaux, cassé
trocar changer
tropa troupe, troupeau
tropero conducteur, convoyeur de bétail
tropezar trébucher
tropezar con rencontrer, tomber sur
tropiezo obstacle
trozo morceau
trueno tonnerre
tuétano moëlle des os
tumbar faire tomber, renverser
turbar troubler

último dernier
ultratumba outre-tombe
uña ongle
usar utiliser

vaca vache
vacilar vaciller, hésiter
vacío vide
vagar errer
vaho buée
valiente courageux, brave
valioso de valeur, précieux
vanagloriarse se vanter, s'enorgueillir
vanguardia avant-garde
vano vain
varado échoué
varios plusieurs
vasco basque
vaso verre
veces (a) parfois
vecindario voisinage, habitants

vecino voisin
vela voile, bougie
vela cangreja voile à corne
velador veilleuse
velar veiller
vencer vaincre
venezolano vénézuélien
venganza vengeance
ventaja avantage
ventajoso avantageux
ventana fenêtre
venturo à venir
ver voir
verano été
veras vérités
verdad vérité
verdadero vrai, véritable
verdulero marchand de légumes
verduras légumes verts
vereda trottoir
vergüenza honte
verter verser, renverser
vértigo vertige
vestido vêtement, robe
vestir habiller
veta veine, rayure
vez fois
vez en cuando (de) de temps à autre
vez (tal) peut-être
vía voie, route
vida vie
vidriera vitrine
vidrio verre, vitre
viejo vieux
viernes vendredi
vinculado lié, attaché

virtud vertu
víspera veille
vista vue
volcarse se renverser, tomber
voltear renverser, faire sauter
volver tourner, retourner, revenir
volver a revenir, recommencer à
voz voix
voz de alarma cri d'alarme
vozarrón grosse voix
vuelo vol, envergure
vuelta tour, retour, détour, tournant
vuelta (darse una) faire un tour
vuelta de correos (a) par retour du courrier

— Y —

ya déjà
ya no ne plus
yacer gésir, être étendu
yerba herbe
yermo stérile, inculte

— Z —

zaguán vestibule, entrée
zanahoria carotte
zapatero cordonnier
zapato chaussure
zapatones gros souliers, godasses
zapatos de charol chaussures vernies
zumbar bourdonner, vrombir

250
150
| 670 |
340
350
N.

400
670
____
1070

Achevé d'imprimer en juillet 2008 , en France sur Presse Offset par
Maury-Imprimeur - 45330 Malesherbes
N° d'imprimeur : 138426
Dépôt légal 1ʳᵉ publication : novembre 1990
Édition 06 - juillet 2008
LIBRAIRIE GÉNÉRALE FRANÇAISE - 31, rue de Fleurus -75278 Paris Cedex 06

30/8623/8